法学入門

INTRODUCTION TO LAW

奥田　進一
高橋　雅人
長　　友昭
長島　光一
【編著】

成文堂

はしがき

　この10年余りで，大学を取り巻く環境が大幅に変化している。研究にさえ専念していればよかった大学教員の仕事も，教育最優先となっただけではなく，学生募集，カリキュラム改革，大学院重点化事業，外部競争資金の獲得，産学連携など，急速に多様化および多忙化している。そのなかで，ある特定の高校に出張して行われる「模擬講義」あるいは「体験授業」と呼ばれる学生募集に係る仕事は，担当者も大いに学び，刺激を受けて，楽しみにすらなっている。ところが，経済学や外国語などの他の分野と比較すると，法学の模擬講義に出席してくれる高校生は極めて少数で，10名を超えると大盛況といえよう。講義後の質疑応答やアンケートを通じて，高校生や高校の先生方との対話を重ねるうちに，模擬講義等において法学受講者が少ない理由がおぼろげながらにわかってきている。

　もともと，世間一般において，法学に対しては「難解」あるいは「堅苦しい」というイメージが先行していることに加えて，高校教育までで学ぶ機会がないというのが，最大の理由といえそうである。小・中・高を通じて科目として存在しないという点では，医学も同様であろう。しかし，医学の場合は，学びの内容や将来の進路が明確でイメージがつかみやすい。進路という点では，法学も裁判官・検察官・弁護士という職業が思いつくであろうが，これらの職に就くためには，学部卒業後に法科大学院へ進学することが原則となっている。しかし，法科大学院を修了した後に受験する司法試験は，その合格率が約20％という極めて狭き門であり，6年間とはいえ学部卒で受験できる医師国家試験の合格率が約90％であることと比べると，法曹界への就職は夢のまた夢に近い。このことは，1999年以来続けられている司法制度改革が抱えるいくつかの問題のひとつといえようが，まずは何よりも，法学という学問分野をわかりやすくイメージさせ，その先にある進路が実は多様であるということを，普及啓蒙しなければならない。

　本書は，上記のような問題意識を持った同じ大学の同僚あるいはその後輩

達により，法を学ぶためのガイドブックのようなものを意識して執筆された。書籍名には「入門」と冠したが，それ以前の段階を想定したつもりである。かつての法学部では，「法学入門」とは言いながら，それを講じるのは功なし名を遂げた大学者であり，講じられる内容は東西の古典籍から説き起こし，「法とは何か」という事理を深く追求する，まことに高尚なものであった。しかし，本書ではこうした伝統的な法学入門でとりあげる事柄はあえて捨象し，「法を学ぶと何ができるのか」という側面から法学の全体像を把握できるように執筆した。また，最新の問題等を「コラム」として各章でとりあげることで，法が決して固定された問題だけを扱うのではなく，時代や社会の変化とともに常に流動化しているということも伝える工夫を施した。「隗より始めよ」のたとえよろしく，本書が法学各分野の専門学習を深める端緒となれば望外の喜びである。

　本書の企画・出版に際しては，成文堂の飯村晃弘氏にとくにお世話になった。数々の有益な助言やきめ細やかな心配りにより，朴訥ながらも旗幟鮮明な書物を世に問うことができた。ここに，厚く謝意を示す。

2017年師走吉日
執筆者一同

iii

目 次
CONTENTS

はしがき ……………………………………………………………………………… *i*

付録　法律・判例の読み方 ………………………………………………………… *vii*

CHAPTER 1
法を学ぶこと ………………………………………………………………… *1*

　　1　学問としての法　*2*

　　2　法の種類と体系　*3*

　　3　法の機能　*4*

　　4　裁判基準　*5*

　　5　法解釈と法的三段論法　*7*

　　6　法を学んだ先にあるもの　*9*

CHAPTER 2
国家と憲法 ………………………………………………………………… *13*

　　1　国家との約束　*14*

　　2　権力分立　*14*

　　3　各国家機関の仕事　*16*

　　4　基本的人権　*18*

CHAPTER 3
行政と法 …………………………………………………………………… *25*

　　1　行政の仕事の根拠　*26*

iv

2 行政の仕事の形式　*27*

3 行政手続　*32*

4 権利救済　*33*

CHAPTER 4
裁判制度 ···*37*

1 日常のトラブルの解決と裁判　*38*

2 裁判と裁判外紛争解決制度（ADR）の選択　*39*

3 民事裁判と刑事裁判の違い　*41*

4 裁判の担い手　*43*

5 身近な司法へ　*45*

CHAPTER 5
財産と法 ···*47*

1 法的保護の対象となる財産　*48*

2 物　権　*49*

3 債　権　*52*

CHAPTER 6
契約と法 ···*57*

1 契約の意義　*58*

2 契約の自由　*59*

3 契約の制限　*60*

4 契約の種類　*61*

5 契約の終了　*63*

CHAPTER 7
損害賠償 67

1 損害賠償と過失責任主義 *68*

2 債務不履行による損害賠償 *69*

3 不法行為の意義 *71*

4 不法行為の要件と効果 *71*

5 大規模被害に対する損害賠償と保険 *75*

CHAPTER 8
家族と法 77

1 家族とはなにか *78*

2 結婚と法 *79*

3 子ども *81*

4 出生と死亡 *82*

5 扶養と相続 *83*

CHAPTER 9
経済と法 87

1 事業活動と知的財産法 *88*

2 事業活動と競争法 *90*

3 事業活動と会社法 *93*

CHAPTER 10
犯罪と法 97

1 刑事法とは *98*

2 犯罪とは *99*

3 刑罰とは　*101*

4 罪刑法定主義　*103*

5 近年の動向——交通事犯　*104*

CHAPTER 11
仕事と法 ⋯⋯⋯⋯⋯⋯⋯⋯⋯⋯⋯⋯⋯⋯⋯⋯⋯⋯⋯⋯⋯ *107*

1 働くことの意味とルール　*108*

2 ワークルールの必要性　*109*

3 働くことへのかかわり方とそのルール　*110*

4 雇用されるということ　*113*

5 学業・私生活との関係　*115*

CHAPTER 12
国際社会と法 ⋯⋯⋯⋯⋯⋯⋯⋯⋯⋯⋯⋯⋯⋯⋯⋯⋯⋯⋯⋯ *119*

1 国際法とは？　*120*

2 国際法の基本原則　*123*

3 「協調」の国際法から「協力」の国際法へ　*127*

CHAPTER 13
新しい法分野 ⋯⋯⋯⋯⋯⋯⋯⋯⋯⋯⋯⋯⋯⋯⋯⋯⋯⋯⋯⋯ *131*

1 先端法学・新領域法学　*132*

2 環境法　*132*

3 知的財産法　*133*

4 情報法　*135*

5 ジェンダー法　*136*

事項索引 ⋯⋯⋯⋯⋯⋯⋯⋯⋯⋯⋯⋯⋯⋯⋯⋯⋯⋯⋯⋯⋯⋯⋯⋯ *141*

付録　法律・判例の読み方

　法律の言葉は難解で，判例の文章は長い。法律学を学ぶとき，この壁にぶつかってしまう。ここでは，この壁を乗り越えるお手伝いをしたいと思う。いちいち細かいルールがあって法律は作られているが，その細かい配慮によって，解釈が限定されるのだから，実はそのルールを知ることは，法を学ぶ者にとって，必要なことなのである。したがって，ここでは，法令・判例の読み方や扱い方を簡単に学んでおきたい。

1　法　源

　裁判官，弁護士，検察官，行政官そして法学者たちは，「法」を駆使して事件や法的問題の解決にあたる。ここでいう法とは何だろうか。この法律家たちは，①法令，②判例，③学説という法源を上手に使って仕事をしている。すると，法を学ぶということは，これらの法源をいかに使えるようになるか，が基本となる。

（1）法令の段階

　日本の法令にはいくつもの種類があるが，それらは上位から下位へと段階的に位置づけられている。最上位に位置するのが憲法である。これに違反する法律，命令，規則は無効になる（憲法98条1項）。この次に法律がくる。法律の下に行政機関の定める命令がある。命令には，内閣の定める「政令」，各省の定める「省令」，内閣総理大臣が定める「内閣府令」がある。さらに，人事院規則，公正取引委員会規則などの「規則」がある。このほか，外国との国家間での合意文書である「条約」や，地方自治体が定める「条例」がある。

　では，法令相互の関係はどのように考えればよいだろうか。標語風に覚えてしまおう。

　①**「後法は前法を破る」**　　「法律と法律」や「命令と命令」のように，同

じレベルの法令の間で矛盾が生じたときに考慮する原則で，後から制定された法令が，それ以前に制定されていた法令よりも優先する，というルールである。

②**「特別法は一般法に優先する」**　同じレベルの法令の間で矛盾が生じたときに通用するルールである。特別法とは，特定の場所や人や時間に限定して定められた法のことである。一般法とは，広く，一般的に通用する規範として定められた法のことである。例えば，民法が一般法で，商法がその特別法にあたる。これは相対的な見方にすぎないので，「○○法は，△△法との関係では特別法にあたる」という見方になる。したがって，少し複雑になると，「労働基準法は民法との関係では特別法である」が，「労働基準法は地方公務員法との関係では一般法」である。

（2）条文のツクリ

法令の条文は，「条」「項」「号」「イ，ロ，ハ…」「（1），（2），（3）…」と段階的に細分化されていく。「号」は，体言止めの形で規定されるのが特徴であり，号の番号は「一，二，三…」と漢数字で書かれる。

なお，条文の一部を特定して指示したいときは，「前段・後段」，「本文・ただし書き」という表現を使うことができる。例えば，憲法20条1項「信教の自由は，何人に対してもこれを保障する。いかなる宗教団体も，国から特権を受け，又は政治上の権力を行使してはならない。」については，2つの文章から成り立っている。最初の句点（。）までが信教の自由の保障で，次の文章が政教分離について定めている。このことを表現したい場合，「憲法20条1項前段で信教の自由が保障され，後段で政教分離が定められている」と言うことができる。また，後の一文が「ただし」で始まる条文については，前の一文を「本文」，後の一文を「ただし書き」と呼ぶ。例えば，民法93条「意思表示は，表意者がその真意ではないことを知ってしたときであっても，そのためにその効力を妨げられない。ただし，相手方が表意者の真意を知り，又は知ることができたときは，その意思表示は，無効とする。」については，「ただし」の前が「本文」，後ろが「ただし書き」である。

2　条文の読み方

（1）「及び」「並びに」

　まず，AとBという2つの語句を並べるときは，「A及びB」とする。3つ以上並べるときは「A，B及びC」となる。これが基本的な用法である。次に，複数のレベルで並ぶときに，「及び」では足りなくなる。一番小さなレベルについてだけ「及び」でつなぎ，それより大きいレベルとつなげるときに，すべて「並びに」で並べていく。趣味は何かと問われ，2つあるとき「バスケ及びバレーボール」。3つあるとき「バスケ，バレーボール及びフットサル」。スポーツだけでなく，複数のことにわたっているとき「バスケ及びバレーボール並びに映画鑑賞」となる。国家行政組織法2条2項前段「国の行政機関は，内閣の統轄の下に，その政策について，自ら評価し，企画及び立案を行い，並びに国の行政機関相互の調整を図るとともに，その相互の連絡を図り，すべて，一体として，行政機能を発揮するようにしなければならない。」によると，「評価・企画・立案」と「調整・連絡・行政機能の発揮」が並べられている。

（2）「又は」「若しくは」

　2つの語句を並べる場合，「A又はB」。3つ以上を並べる場合は「A，B又はC」。次に，複数レベルで並べるときは，一番大きなレベルに一度だけ「又は」を使い，それより小さなレベルではすべて「若しくは」を用いることになる。これからしばらく時間があるけど何がしたいかと聞かれて，2つのうちどちらかなら「バスケ又はバレーボール」。3つあるときは「バスケ，バレーボール又はフットサル」。複数のことにわたっているとき「バスケ若しくはバレーボール又は映画鑑賞」となる。国家行政組織法12条1項「各省大臣は，主任の行政事務について，法律若しくは政令を施行するため，又は法律若しくは政令の特別の委任に基づいて，それぞれその機関の命令として省令を発することができる。」では，「法律か政令を施行するため」か「法律か政令が委任している場合に」「省令を発することができる」と読むことになる。

（3）「直ちに」「速やかに」「遅滞なく」

これらはいずれも「すぐに」という意味だが，どれだけ「すぐ」なのかで違いがある。早い順に「直ちに」＞「速やかに」＞「遅滞なく」となる。「直ちに」がもっとも早くという意味で，一切の遅滞が許されない。憲法34条前段「何人も，理由を直ちに告げられ，且つ，直ちに弁護人に依頼する権利を与へられなければ，抑留又は拘禁されない」。「速やかに」は「直ちに」よりは時間的猶予があり，「遅滞なく」よりは早い。「遅滞なく」は，正当な合理的な遅れは許容されるとされる。行政手続法7条「行政庁は，申請がその事務所に到達したときは<u>遅滞なく</u>当該申請の審査を開始しなければならず，かつ，申請書の記載事項に不備がないこと，申請書に必要な書類が添付されていること，申請をすることができる期間内にされたものであることその他の法令に定められた申請の形式上の要件に適合しない申請については，<u>速やかに</u>，申請をした者（以下「申請者」という。）に対し相当の期間を定めて当該申請の補正を求め，又は当該申請により求められた許認可等を拒否しなければならない。」（下線は筆者）。

（4）「推定する」「みなす」

「推定する」とは，当事者の間で取決めがなく，事実がはっきりしない場合に，法令が判断を示して，法的効果を発生させることである。民法772条1項「妻が婚姻中に懐胎した子は，夫の子と推定する」のは，子どもを夫の子どもとして扱うという意味である。これに対して，「みなす」というのは，本来性質の異なるものを，ある一定の法律関係において同一のものとして，同一の法律効果を発生させることをいう。民法753条「未成年者が婚姻をしたときは，これによって成年に達したものとみなす」というのは，未成年者が婚姻すれば，自分で有効な法律行為をすることができるようになる，という効果を発生させる，ということである。

（5）「違法」「不正」「不当」

「違法」とは，ある行為が法令の規定に反することを指す。「不正」は，道徳的にもよこしまだし，法令にも違反しているという状態である。児童手当法14条「偽りその他不正の手段により児童手当の支給を受けた者があるときは，市町村長は，地方税の滞納処分の例により，受給額に相当する金額の全

部又は一部をその者から徴収することができる」。「不当」というのは，法令違反とまではいえないが，制度の目的や趣旨からして，適当でない場合である。行政不服審査法1条「この法律は，行政庁の違法又は不当な処分その他公権力の行使に当たる行為に関し，国民が簡易迅速かつ公正な手続の下で広く行政庁に対する不服申立てをすることができるための制度を定めることにより，国民の権利利益の救済を図るとともに，行政の適正な運営を確保することを目的とする。」

3　判　例

（1）判例とは

　判例とは，過去の裁判所の判決・決定である。とくに最高裁判所の判断は，先例として拘束力をもつ。もっとも，最高裁の判断のすべてが拘束力をもつのではなく，結論に直結する「本文」だけが拘束力をもつ判例となる。それ以外は「傍論」と呼ばれ，拘束力は認められない。

　裁判は，下級裁判所において，事実自体が争点とされ，いかなる事件が起きているのか，当事者双方が証拠を提出しながら，争点が整理され，事実が確定され，それを基にして，判断が下される。したがって，下級裁判所は「事実審」と呼ばれる。これに対して，最高裁は，下級裁判所の事実認定を基にするため，事実についてはもはや争わない。むしろ，それを前提として，法律問題だけを判断するので「法律審」と呼ばれる。

　したがって，下級審の裁判例を学べば，事実認定の技法を学ぶことができるし，さらにその事実について，どのように法の適用をしているのかを学ぶことができる。

（2）判決文の構造

　最高裁の判決文は，主に，「主文」と「理由」からなる。主文とは，判決の結論を簡潔に述べたものである。「理由」において，確定した事実が何か，訴訟の経緯がどのようなものか，上告理由に対する最高裁の判断は何か，が示される。ときに法廷意見に異なる少数意見が付されることもある。少数意見の中には，①法廷意見に賛成しつつ，さらに説明を付け加える「補

xii

足意見」，②結論は法廷意見と同じだが，理由が異なる「意見」，そして，③結論も理由も法廷意見と異なる「反対意見」がある。

　最高裁の判決は，原判決（最高裁で問題とされている判決）を支持する場合は「上告棄却」，原判決を支持せず，最高裁自ら判決をするときは「破棄自判」，原判決を支持せず，改めて事実の審理を必要とするときは「破棄差戻し」となる。

（3）判例の学習方法

　判例については，当事者の見解の違いを明確に整理することがまず必要である。その裁判所の判断については，（重要な判決についてはとくに多くの）判例評釈が公表されるので，それを集めて読み，それぞれの見解をまとめる。そして，関連する判例と比較し，調べるべき判例のもつ効果（判決の射程）をはかることが求められる。判決の影響と意義を考えるのが，判例研究の意義である。

４　おまけ─難読文字クイズ

　法律用語は独特で，読みづらい熟語がよくある。あなたは，いくつ読めるだろうか。

中級編

　①拷問　②召集　③戒告　④責　⑤弾劾　⑥検閲　⑦享有　⑧主物　⑨下命　⑩抵触　⑪追認　⑫罷免　⑬遵守　⑭失踪　⑮相隣関係　⑯詐欺　⑰物上代位　⑱賃貸借　⑲元本　⑳代襲相続　㉑嫡出子　㉒聴聞　㉓収賄　㉔禁錮　㉕一筆　㉖合筆

上級編

　①詐術　②心裡留保　③入会権　④定款　⑤根抵当　⑥相殺　⑦姦淫　⑧遺留分減殺請求権　⑨賭博　⑩贈賄　⑪堕胎　⑫図画　⑬立木　⑭買春　⑮遺言　⑯幇助　⑰危殆　⑱割賦　⑲譲受人

超上級編

① 瑕疵　②恵庭事件　③欠缺　④御名御璽　⑤羈束行為　⑥誰何　⑦贓物　⑧出捐

CHAPTER

法 を 学 ぶ こ と

1

高校2年生の秋を迎えたA君は，現在，進学を希望する大学の学部選びで悩んでいる。A君の父親は，経済学部の出身で，現在は大手都市銀行に勤務している，典型的な経済エリートである。最近は，A君の顔を見るたびに，「経済学部に進学して，銀行員になれ」とやかましい。母親は，父親と同じ大学の文学部で近世日本史を専攻し，執筆した「江戸時代の訴訟」という卒業論文があまりにも優秀だったため首席で卒業し，大学院に進学して修士学位を取得した。大学院在学中に，先輩の紹介でA君の父親と出会い，結婚した。他方で，A君は，最近ロー・スクールを卒業して，司法試験に合格した従兄の存在が気になっている。従兄とは，家が近かったこともあり子供の頃から仲が良く，彼の裁判官になるという夢をたびたび聞かされてきた。A君は，母親の影響もあって，CS放送で「大岡越前」や「遠山の金さん」などの時代劇をよく視ており，江戸時代の裁判官である「御奉行様」に，将来の従兄を何となく重ねて見るようになっていた。このようなことから，A君は，漠然とではあるが，法学部への進学を意識しはじめている。しかし，法を学ぶことの目的意識がどうも明確にならず，法学の魅力もいまひとつよくわからない。高校には，年末までには進路希望カードを提出しなければならず，進路決定の時はもうすぐそこまで迫ってきている。

1 学問としての法

A君には，法学部志望の気持ちが芽生えているようだが，悩みの本質は法を学ぶことの「意義」や「目的」にあるようだ。このA君の本質的な悩みは，大学や学部選択に限らず，自身の将来を決定付けるのに極めて重要な思考過程である。そこで，「法を学ぶ」ということに絞って考えてみたい。

ときに，法律は，スポーツやゲームのルールのようなものにたとえられることがある。なるほど，確かに法は「社会のルール」という意味で，このようなたとえはもっともであるが，当たらずも遠からずといったところであろう。「法」によく似た概念として，「道徳」がある。それでは，「法」と「道徳」との違いはどこにあるのであろうか。辞書を引いてみると，「道徳」とは，「個人が善悪をわきまえて，社会秩序を守るために従う規範の総体」というようなことが書かれている。これに対して，「法」とは，「社会秩序を守るために，国家の強制力を伴って，社会の構成員が従う規範の体系」というようなことが書かれている。両者に共通するのは「守るべき規範」であり，違いは「国家の強制力」の有無である。つまり，道徳は自律的に守るべきものであり，法は国家によって強制的に守らせられるものということがいえる。また，法は罰則を伴うことがあるが，道徳にはそのようなことはないという点もまた違いであろう。そして，この両者の差異において注意すべきことは，法を強制する「国家のあり方」や強制する「法の内容」ということになろう。当然のことながら，法を強制する国家が，ナチスのように為政者の個人的な思想や感情によって運営されることは否定されるべきで，そのような為政者の暴走を防ぐのが近代憲法の役割とされている。そして，強制する「法の内容」についても，これが個人や社会の利益を著しく阻害したり，不平等や不正義を導いたりするようなものであってはならない。この「法の内容」こそが，われわれの日常生活において生じる紛争や問題を解決するための「ものさし」ともいうべきで，この「ものさし」が間違っていたら社会は大いに混乱するであろう。法を学ぶということは，この「ものさし」が，より適切で正確で，公明正大であるべきこと，すなわち「法の内容」を学ぶことなのである。

2 法の種類と体系

　学ぶべきものは，「法の内容」であることがわかったが，その法は，社会とともに変化する。奴隷制社会であった古代の法は，人を家畜や物のように売買することがまかり通り，農奴制社会であった中世の法は，身分制を基本としており，農民は土地に縛り付けられて，居住移転や職業選択の自由は存在しなかった。また，政治体制や社会体制が多様化した近代の法は，国家と国民の関係を構築し，グローバル化が進む現代の法は，環境法や契約法のように国際的な統一や平準化が図られつつある。このように，法は決して永遠不変のものではなく，社会の変化に応じて変化するものである。他方で，法が社会を規制し，その変革を促す側面もまた見逃すことはできない。たとえば，2015年に公職選挙法等の一部が改正されて選挙権年齢が18歳に引き下げられたが，これによって18歳以上20歳未満の若者が政治に参画することが可能になったことは，政治家の意思決定やそれに基づく社会整備のあり方に，少なからぬ影響を及ぼすことであろう。

　さて，法学部や法律系学科に進むと，基本的には現代の法，すなわち近代国家が成立してから以降の法を学ぶことになる。そこで，ここでは近代法を中心に，その発展と生成の過程を紹介する。近代法は，1789年のフランス革命によって誕生し，その後の欧米諸国における市民革命を経て，「個人の自由・平等」，「契約の自由」，「所有権の絶対」の3つを大原則として発展してきた。近代法は，まず，われわれの社会生活に関する法が整備され，つぎに，国家の組織ないし活動に関する法が確立された。前者は，私人と私人との関係を規律するもので私法と称され，後者は，国家と私人との関係を規律するもので公法と称される。公法には，当地の根本規範となる基本原則や原理を定める憲法を筆頭に，裁判所法，国会法，地方自治法，刑法，訴訟法(刑事訴訟法，民事訴訟法など)，行政法(行政手続法，都市計画法，情報公開法，道路交通法，財政法，警察法など)，国際法などがある。つづいて，私法には，私法の一般原則を定め，1050条という膨大な条文数からなる民法を筆頭に，商法，会社法，借地借家法，消費者契約法，労働契約法，信託法などがある。もっとも，公法と私法とを厳密に区別することにはあまり意味

がない。近時は，知的財産法や経済法のように，私人の権利侵害行為に対して国家が刑罰を科したり，取引関係に国家が介入したり，公法と私法の中間領域と認められる法分野も発達している。

このほかに，実体法と手続法という分類の仕方もある。実体法とは，法律関係それ自体の内容を定める法のことをいい，手続法とは，実体法が定める法律関係を実現するための手続を定める法のことをいう。民法，商法，刑法が前者の典型であり，民事訴訟法，刑事訴訟法が後者の典型である。また，手続法のうち，手続の形式が訴訟の形式を採る場合は，その手続法を訴訟法という。

ところで，多種多様な法には，その優先度に応じて順位がある。例えば，憲法と法律が矛盾・抵触する場合，憲法が優先され，当該法律は無効となる（上位法優位の原則）。また，法の中には一般法と特別法の関係がしばしば存在する。ある事象に対して特別法が存在する場合には，一般法よりも特別法が優先される（特別法優先の原則）。たとえば，一般法としての民法に対して，特別法として商法や労働契約法などが存在する。さらに，前法と後法（新しくできた法）がある場合には，後法が優先される。

3 法の機能

A君は，ここでつぎのようなことに気が付くことであろう。どのような法が存在し，どのように分類するのかということは，ちょうど動物や植物の図鑑を眺めていることに似ている。たとえば，動物であるならば，それぞれに名称が付され，肉食動物か草食動物か，寒冷帯に生息しているのか，それとも熱帯に生息しているのか，などの属性によって分類される。しかし，ここからさらに研究を深めようとするならば，個々の動物が，生息する生態系においてどの辺りに位置付けられ，生息環境に対してどのような役割を担っているのかを調べてみる必要があろう。同じように，法もその機能について学ばなければ，ただ名称や分類のみを覚えても意味がない。

法は，われわれの日常生活や社会生活における行動や判断の指針となる規範性を有することから，法規範と称される。法規範が存在することによっ

て，われわれは，同じ社会に属する他の人の行動を予測できるようになる。例えば，道路交通法という法律があり，歩行者が青信号で道路を横断できるのは，車用信号が赤になっており，車は停車しなければならないという規範が存在しているからで，歩行者は車が法規範に従っている限りは進行してこないことを予測している。この予測がはずれるのは，車の運転者が法規範に反した時ということになる。

　ところで，法規範は，「行為規範」，「裁判規範」，「組織規範」に分類することができる。行為規範とは，一定の人間の行為を命令したり，禁止したりするものである。他方で，裁判規範とは，裁判官が紛争解決のために従うべき準則である。そして，組織規範とは，法を適用し，執行する機関の組織や権限について具体的に定めたものである。これらは，ひとつの条文が同時に複数の機能を果たすこともあり，たとえば，刑法199条はわれわれに対して「人を殺してはいけない」と命ずる一方で，裁判官に対しては「人を殺した者には，死刑または無期もしくは5年以上の懲役刑に処せ」ということを求めている。なお，裁判所に関しては，憲法および裁判所法によってその組織や権限の詳細が定められている。

4　裁判基準

　A君は，時代劇でよく登場する「大岡越前」や「遠山の金さん」と，裁判官に任官される可能性が出てきた従兄とを重ねて見るようになっているという。しかし，A君の従兄が，将来，かの江戸時代に実在した名奉行たちのような裁判をすることは決してないであろうし，あってはならない。「遠山の金さん」は，お白洲（裁きの場）でシラを切る犯罪被疑者に対して，自ら片肌を脱いで桜吹雪の彫り物を見せて「もはやこれまで」と観念させるが，現代の裁判制度ではあり得ない状況である。なぜならば，自らが裁判官であると同時に証人をも兼ねて，うっかりすると被害者の事後救済までして民事事件も一気に片付けてしまうという，およそ裁判とはいえない様相を呈しているからである。あくまでも，勧善懲悪を軸として創作された「ドラマ」なので許されるが，いくら江戸時代であってもこのような紛争解決は許

されていなかった。現代において法曹を目指す者は，このような裁判あるいは裁判官にあこがれてはいけない。

　また，「大岡越前」には，落語でも有名な「三方一両損」という名裁きが伝わっているが，これもまたあり得ない紛争解決方法である。当事者双方が，互譲によって紛争を解決できた点はよいとしても，そのために公人たる裁判官が身銭を切るという行為が前提となっているようでは，裁判官のなり手がいなくなってしまうかもしれない。なによりも，紛争は解決できたかもしれないが，何らの法的判断も行っておらず，これでは「裁き（裁判）」にはならない。今も昔も，ある事実に対して，適用すべき法を探って判断することこそが，裁判なのである。さて，この裁判において適用される法，すなわち裁判基準も，法を学ぶことの重要な内容である。裁判の基準となる法には，「制定法」，「判例法」，「慣習法」，「条理」がある。

　制定法は，国の議会（国会）により制定される法律がその代表であるが，地方自治体の議会が制定する条例もこれに該当し，いずれも成文法の形をとっている。判例法とは，裁判所が下したある判決に，「先例」としての重み付けがなされ，それ以後の判決に拘束力を持ち，影響を及ぼすものを指す。したがって，制定法とは異なり，議会の議を経ていないし，成文法としての形が整っているわけではない，つまり不文法である。慣習法とは，一定の範囲の人々の間で反復して行われるようになった行動様式などの慣習のうち，法としての効力を有するものをいい，基本的に不文法である。なお，慣習がいつ慣習法になるかという問題については，人々が「こうあるべきだという意識」を共通に認識した時とする見解と，国家が法として容認した時とする見解とがある。わが国では，「法の適用に関する通則法」3条が，慣習法の法的地位に関する一般原則を定めている。これによると，公の秩序または善良の風俗（公序良俗）に反しない慣習については，法令の規定により認められたものおよび法令に規定のない事項につき，成文による法令と同一の効力が認められる。条理とは，物事の筋道や道理ということである。条理は，裁判に際して，成文法，判例法，慣習法のいずれにも該当する規律が存在していない場合に基準とされ，その裁判を行っている裁判官自らがその場で条理を基準として判決を下すことができる。ただし，どのような考え方が

第1章　法を学ぶこと　　7

条理に該当するのかは，議論のあるところであろう。

5　法解釈と法的三段論法

　法を学ぶうえで，おそらく最も重要なのが，法解釈であろう。その前に，法的三段論法と呼ばれる法的思考方法について理解をしておきたい。三段論法とは，古代ギリシアの哲学者であるアリストテレスの論理学の手法のひとつで，「大前提」，「小前提」，「結論」の3つの命題から構成される演繹的な推論の立て方である。伝統的には，つぎのような説明がなされる。

　　①すべての人間は，必ず死ぬ（大前提）。

　　②ソクラテスは，人間である（小前提）。

　　③ゆえに，ソクラテスは，必ず死ぬ（結論）。

　論理性が求められる学問の多くが，この三段論法を基本的な思考方法としている。しかし，三段論法にはある種の危険性が潜んでいる。つぎのような説明は，どうであろうか。

　　①魚は，水生動物である。

　　②クジラは，水生動物である。

　　③ゆえに，クジラは，魚である。

　①と②が大前提と小前提という関係になく，魚もクジラも個別事実としての小前提である。大前提を欠くと，そもそも議論の結論が出ずに堂々めぐりになる。しかし，われわれの日常生活では，しばしばこのような堂々めぐりの議論が多い。それでは，さらにつぎのような説明は，どうであろうか。

　　①すべて水の中の動物は，魚である。

　　②クジラは，水の中の動物である。

　　③ゆえに，クジラは魚である。

　①は大前提であり，②は小前提であり，③は結論として，論理的には見事に説明がついたが，どうも結論が正しくない。これは①の大前提に誤りがあるからである。つまり，三段論法を適用するに際しては，そもそも大前提が正しくなければならないのである。

　それでは，ここで，三段論法を法的な問題に適用してみる。

①人を殺した者は，刑法199条の罪に問われる。

②Xは，人を殺した。

③ゆえに，Xは，刑法199条の罪に問われる。

　論理的に，きれいに説明がつけられている。法的三段論法では，①の大前提には「法規範」を，②の小前提には「具体的事実関係」を，そして③の結論には「法律効果」を当てはめて考えることになる。しかし，ここでも大前提となる「法規範」の妥当性や適用範囲をめぐって問題が生じることがある。たとえば，A君が興味を抱いている江戸時代の基本法であった「公事方御定書」（1742年）では，「10両盗めば死罪」という規定が存在した。10両は，現在の貨幣価値に換算すると約100万円といわれるが，いくらなんでも100万円の窃盗で死刑というのは重過ぎる。しかし，昔も今も，法規範が妥当性を欠いた状態で立法されてしまえば，法の番人である裁判官は，この法規範に拘束されて裁判を行わざるを得ない。封建社会では，為政者の暴走や悪政はなかなかこれを止めることはかなわなかったが，現在では選挙を通じて為政者を選択することが可能である。他方で，選択を誤れば，悪政やそれに基づく悪法の制定を許すことになりかねない。また，もし，制定された法律に憲法違反の疑いがあれば，最高裁判所が違憲立法審査権を用いて，その法律を廃止したり，ある条文を無効にしたりすることもできる。これは三権分立が確立してこそ初めて機能するものといえよう。民主主義国家においては，法的三段論法の大前提のさらに前提として，三権分立や選挙制度があることも肝に銘じておきたい。

　また，法は，不特定多数者に適用される一般的な取り決めであることから，抽象的，定型的なものとして構成しなければならない。他方で，法の言葉が抽象的，一般的であればあるほど，法の意味の確定は困難を伴う。そこで，法を解釈する必要が生じるのである。たとえば，民法207条は「土地の所有権は，法令の制限内において，その土地の上下に及ぶ」と規定している。「土地の上下」とは，地表を基準として地上と地下というように考えてよいが，それでは上下の範囲はどこまで及ぶのであろうか。もし，どこまでも及ぶのだとすると，飛行機が土地の上空を飛行したり，地下鉄が土地の下を走行したりする行為は，すべて土地所有権の侵害を構成することになる。

これでは，あまりにも非現実的なので，現在では，土地所有権は「支配可能な範囲において」土地の上下に及ぶ，と解釈されている。

条文の抽象度が高まれば高まるほど，法解釈は複雑になり，時には解釈の，さらなる解釈が必要になることもある。たとえば，農地法では，農地を「耕作の目的に供される土地」と定義している（2条1項）。それでは，耕作とはどのような行為を指すのであろうか。耕作とは，「土地と労力と資本を加えて作物を栽培すること」を指し，この解釈を踏まえて，農地とは，「耕耘，播種，除草，施肥，中耕，病虫害防除等の肥培管理を行って作物を栽培する土地」と解釈されている。さらに，作物については「稲，麦，大豆，野菜，牧草等の草本性植物，桑，茶，果樹等の木本性植物」と解釈されている。ここで，栗や竹のように，収穫の対象が果実か，それとも木材か判別しにくい植物が問題となる。これについては，栗の実や筍の採取を目的としてそれが栽培されると認められる程度の肥培管理が行われていれば，その土地は農地であり，その栗や竹は作物とされるが，森林経営として栗材や竹材の採取を目的としているときは作物ではない，と解釈されている。

いずれにせよ，法解釈は裁判を通じて行われ，その結果は法的効力を有するものとして広く適用される。このことから，「裁判は法を創造する」，あるいは「裁判の法創造機能」と称されている。

6　法を学んだ先にあるもの

A君が，もし法学部や法律系学科に進学したとして，そこで学ぶのは，社会生活のあるべき姿を整える「方法論」ということになる。かつて，法学の泰斗ともいうべき末弘厳太郎博士は，その名著『法学入門』（日本評論社）において，「大学で習ったことそれ自体がそのまま役に立つのではなく，むしろそれを忘れてしまった頃に初めて，一人前の役人や会社員になる」のであると述べている。しかし，それは大学教育が無意味であるということではなく，さらに末弘博士の言を借りるならば，「大学で学んだことが実用性を帯びるのは，学生が大学で授けられた知識を手づるとして卒業後に実務上の修練をかさねた結果，大学では無意識にしか習得しなかった法学的な考え方

が成熟したとき」であって，手づるである知識をいかに学生たちの記憶に留めるのかが重要課題だという。つまり，いくら個々の法律やそこに書かれている条文を暗記しても意味はなく，むしろそれらをいかに現在の社会にうまく適用して行くのかというテクニックが重要なのである。すでに紹介した，法解釈や法的三段論法に代表される思考方法の習得こそが，法を学ぶことの醍醐味である。

　さて，法を学んだ先には，どのような進路が待っているのであろうか。ドイツの詩人，フリードリッヒ＝フォン＝シラー（1759〜1805）は，「法学はパンのための学問である」という蔑みの言葉を投げかけた。要するに，「真理の追究」ではなく，「生活のための手段」にすぎないということである。いささか丁寧に言えば，法学は，「実学」であって，「学問」ではない，ということだろうか。しかし，このことは見方を変えれば，法を学ぶことによって，職業を得る選択肢が増え，社会において活躍する幅が広がるということでもある。法に関わる職業といえば，裁判官，検察官，弁護士のいわゆる法曹三者が思い浮かぶであろう。しかし，われわれの社会や国家が法治主義を標榜する限り，国家はもちろんのこと，学校や企業や地域のコミュニティに至るまで，あらゆる組織が法によって支配され，運営される。その法の扱い方を知り，あるいは法の作り方を知っていることは，それだけで即戦力なのである。法学が「パンの学問」であっても，現代社会には必要不可欠であることは間違いない。A君は，将来の自分がどのように「パン」を得るのかを想像すれば，自ずと進路も決まるであろう。

什（じゅう）の掟

コラム

　幕末の会津藩というのは，なぜあそこまで破滅的な道をたどってしまったのか，とても不思議に思う。司馬遼太郎は，会津人について「どこまでも謹直で，このあたりは牢固たる士風から出ているといっていい」（『白河・会津のみち，赤坂散歩 - 街道をゆく (33)』（朝日文芸文庫，1994）所収）と分析している。この「士風」とは，いったいどのようなものであったのだろうか。

　藩祖である保科正之は，15か条からなる『家訓（かきん）』を定めて，藩士たちに厳守させている。そこでは，純粋佐幕，すなわち徳川将軍家への無二の忠義をまず初めに掲げ，長幼の序，公平無私，遵法精神を説くとともに，第12条において「甚だ相争うと雖も，我が意を介すべからず」としている。ここでは，何らかの論争があったとしても，道理のみに従い私見を挟んではいけない，と戒めている。このような教えは，会津藩の幼児教育の指針として有名な「什の掟」の根幹をなし，藩士たちは幼少期から，いかなる私見や疑義もなく，既存の道理や法に絶対的に従うことを訓育されてきた。「什の掟」は，家訓と同様に，長幼の序や礼儀作法などについて，すべて「～はなりませぬ」という言葉で示し，最後に「ならぬことはならぬものです」と厳格に教戒している。これこそが，会津藩の「士風」そのものといえる。『家訓』では，これをさらに「風儀」として励行し，藩士だけでなく藩内の領民にまで深く浸透したという。

　しかし，時代は風雲急を告げ，尊王討幕の思潮が吹き荒れ，法も道理にも変化が現れるなかで，最後の藩主である松平容保は，藩祖以来の「風儀」に縛られ，わかっていながらあえて破滅という「凶」の途を突き進まざるを得なかったのであろう。司馬遼太郎は，このことを以て「風儀に生き，風儀に殉じた」と高く評価するが，時宜に適った解釈や合理的な判断を欠く極端な遵法精神は，ときに悲劇をもたらし社会を混乱に陥れるといえるのではないだろうか。

CHAPTER

2

国 家 と 憲 法

　あのオンラインゲームが突然つながらなくなった。対戦型バトルゲームで，生物兵器や拷問など非人道的な手を使ってでも敵方の領地に侵入し，相手の陣形を崩していき，最終的に死傷者の数で勝利が決まる。壮大な BGM と勝利時の独特の映像がユーザーにうけ，大流行していた。そのゲームが突然，である。ゲームの残虐な過程と結果を重視して，国家が規制を課したのだ。そういえば，近年起きたいくつかの重大犯罪とこのゲームの因果関係が疑われていた。

　あなたは，このゲームの共同製作者の一人である。どんな仕事も長続きしなかったのに，この仕事だけは，生き甲斐すら感じるもので，生涯をかけて，作っていきたいと考えていた。そこで，この規制を何とかできないのか，と考えている。

1 国家との約束

　国家を定義することは，難しいとされている。最も通用しているのは，「国家三要素説」で，それは，国家の構成要素を「領土・国民・権力」とする。この中で，可視化しづらく，最も抽象的で捉えがたいのが「権力」である。にもかかわらず，権力こそが，国家の最大の特徴でもある。とくに，近代国家は，権力を集中して掌握し，それを用いることで，国民を統治する。

　では，なぜそのような国家が成り立つのだろうか。支配される側の国民にとっては，一方的に不利になるばかりではないだろうか。この疑問に答える一つの物語がある。「国家がない状態，つまり，何のルールもなく，そのルールを使った審判もいない状態を考えてみたまえ。犯罪が起きても，誰も犯罪者を取り締まらない。このままでは争いの絶えない社会になってしまうだろう。そこで，人々は，自らの力を委ねた「公共体（res publica）＝国家」を作ったのである。国家は人々から委ねられた力をもつが，その力は人々のために使うのだ。そのような約束＝契約を，人々は国家との間で交わすのである。」

　ここでの，この力を「国家権力」といい，人々を「国民」，そして，契約を「社会契約」と呼ぶために，この物語は「**社会契約論**」と呼ばれる。この契約こそが「憲法」なのである。国家権力を上手にコントロールすることで，国家には，国民のために働いてもらう，そういう契約の内容が定められているのである。それは，「**立憲主義**」と呼ばれる考え方につながる。立憲主義に基づく憲法（立憲的意味の憲法）は，個人の基本的な権利を保障し，権力を分立することで，権力をコントロールする内容を持つのだから。

　ここでは，国家権力のコントロールの仕組み（権力分立）と，人権保障の内容と方法について見ていこう。

2 権力分立

　権力分立というと，条件反射のように「立法・行政・司法」または「国会・内閣・裁判所」という言葉が頭に浮かんでくるだろうか。だとすると，

それは，これまでによく勉強した証だろう。しかし，なぜ，それぞれの作用や機関に区分するのだろうか。しばしば，権力分立は自由主義の実現のためだ，と言われる。権力を分けなければ，国民の自由が実現されない，ということである。この仕組みについて考えてみよう。

先の社会契約論の下で，国民が国家に委ねた（憲法では「信託」という言葉である）権力は，国民のために使われなければならない。まさしく，リンカーン大統領が演説したという「国民の，国民による，国民のための」国家である。「国民のための」という箇所が「自由主義」の理念の表れであり，他方「国民による」という表現は，民主主義を示している。この2つの理念を実現しようとするところに，国家権力のコントロールの目的がある。

国家権力を国民の意思に服させる，というプロジェクトが民主主義（国民主権）に根差した統治である。これは，いくつかのステップを踏んで具体的に展開されていく。

まず，人事的・組織的観点から見ていこう。国民（とくに有権者）が，選挙によって「全国民を代表する」者（憲法43条）を選び出すことで，国会が形成される。国会議員の中から国会が指名した内閣総理大臣が（憲法67条），各国務大臣を任命する（憲法68条）。こうして，内閣が形成される。

他方，内容的観点から見てみる。国民が，マニフェストなどの内容を見て投票を行うことから，代表者の選出の際に，国民の意思が伝達される。国会は，国民の意思（一般意思）を文書にした「法律」を制定する（憲法41条）。この法律を，内閣が誠実に執行することで，国民の意思は，内閣にまで及ぶ（憲法73条1号）。内閣は，所掌する省庁などの行政機関を「指揮監督」することで，行政の末端にまで国民の意思が貫徹される仕組みがとられている（憲法72条）。

こうして，国会と内閣に，「民主主義」の理念が実現されるわけである。しかし，これだけでは，民主主義のデメリットとして，多数者の決定だけが優先されてしまう。つまり，多数決からこぼれ落ちる少数者の意思が十分に反映されない。

そこで，民主的決定の裏でこぼれ落ちる個々人の自由・権利を救済する仕組みが必要となる。自由主義の理念を実現する権力分立原理は，ここで，重

要な役割を果たす。個人の自由を保障する機関として，民主政から独立した
「司法」に，その役割が期待されるのである。それゆえ，司法は独立してい
るべきなのである（司法の独立・憲法76条3項）。

3　各国家機関の仕事

国　会

　何よりまず，国会は，憲法41条によると，「国の唯一の立法機関」であ
る。つまり，法律を制定するのが主たる仕事である。とくに，国民の権利を
制限し，義務を課す法規範については，必ず国会で制定されなければならな
いとされる。法律は，最終的に本会議における議決が必要だが，それまでに
通常，本会議以外の審議を経る。実は，国会運営は，委員会が中心を占めて
いて，提出された法案は，関係する委員会で実質的に審議されるのである。
ただ，委員会は，原則として，国会議員以外には非公開であるため，実質の
審議が行われている委員会が非公開では，国会の意義に反するのではないか
という問題がある。

　法律制定以外に，国会は，行政・司法の統制手段として，予算議決権，条
約承認権，国政調査権，内閣総理大臣指名権，裁判官の弾劾裁判所の設置権
などを有する。

　予算は，国の歳入・歳出についての計画書だが，国会の議決がなければ，
歳出することができない。その一方，歳入については，国は租税を徴収する
際に，法律の条件の下でのみ税金を課すことができる（憲法84条の租税法律
主義）。

　条約とは，国家間または国家と国際機関との間で文書によって締結される
合意である。条約は法律より優位するが，だからこそ，条約締結に国会が関
与することは，外交に対する民主的コントロールのために重要なのである。
基本的に，条約締結の前に国会の承認が必要であり，特に理由がある場合だ
け事後承認が認められている（憲法73条3号）。

　国会は，業務を行うにあたって必要な調査を行う権限として，証人の出
頭・証言や記録の提出を要求することができる。この権能を国政調査権とい

う。もっとも，証人の不利益となるような基本権侵害となる調査権の行使は
認められない。

内　閣

　行政権は内閣にあるとされる。日本は，内閣が国会に対して責任を負う議
院内閣制を採用している。これは，国会が内閣を支える土台となっている，
ということである。つまり，国会の中から内閣総理大臣が選ばれ，衆議院が
内閣に対して信任を与えることで内閣が成り立つ。もしも，衆議院が内閣に
対して，「もう任せたくない」と議決すれば（これを「不信任決議」とい
う），内閣は総辞職しなければならない（憲法69条）。その一方で，逆に，内
閣は衆議院に対して，衆議院議員の身分を失わせる権限である「解散権」を
持つ。もっとも，衆議院を解散させれば，内閣は自らを支える土台を失い，
もはや自立できなくなるため，内閣は総辞職することになる。

　内閣の仕事は，基本的には法律の執行である。行政は法律に基づいて行動
しなければならないのである。しかし，これだけではなく，内閣は，外交や
条約締結など政治的な指導力を発揮する側面も認められる。いずれにせよ，
最終的に憲法・法律に基づいた内閣の意思によって行政が活動することか
ら，内閣の責任を明確に意識させておくことが重要である。

裁判所

　司法とは，具体的な事件について，法を適用することで，事件を最終的に
解決する作用とされる。司法権は，最高裁判所と下級裁判所に与えられてい
る（憲法76条1項）。通常は，あらゆる事件が司法で審理・判断されてもい
いはずだが，判例上，司法には限界があるとされる。例えば，大学の内部に
おける学生の処分については，大学が決めることで，司法権が関与できない
とか（富山大学単位不認定事件・最判昭和52年3月15日民集31巻2号234
頁），政党内部で紛争が発生しても，「一般市民法秩序と直接の関係を有しな
い内部的な問題にとどまる限り，裁判所の審判権は及ばない」（最判昭和63
年12月20日判時1307号113頁）。このように団体内部の自律権を重視して，司
法権の介入を抑制する考え方を**「部分社会の法理」**という。また，**「統治行
為論」**と呼ばれるように，内閣の衆議院解散権を認めるか否かなど高度の政
治性を有する事件については，裁判所が審査をしない，という考え方も提示

されている（最大判昭和35年6月8日民集14巻7号1206頁）。

　日本国憲法によって，司法権に新たに与えられた画期的な権限として，違憲審査権がある。国の行為が憲法に適合しているか否かを，裁判所に判断させる権限である（憲法81条）。判例によると，日本はアメリカ型の違憲審査制を導入したと理解され，具体的な事件が提訴されたことを前提にして，その解決に必要な限りで，憲法判断が行われる。**「付随的違憲審査制」**と呼ばれる。これは，ドイツなどで行われているように，具体的な事件が生じていなくても法律の合憲性の問題そのものを裁判所が審査できる**「抽象的違憲審査制」**とは対照的である。

4　基本的人権

総　論

　憲法上の権利は，13条の幸福追求権や14条の法の下の平等のほか，自由権・社会権・参政権・国務請求権に分類することができる。自由権も，精神的自由・経済的自由・人身の自由に分類される。

　原則として，憲法上の権利は，集権化した国家に対抗するための手段として，国家のみを名宛としていると考えられている。つまり，私人と私人の間では，直接には人権規定は効力をもたないとされる（最大判昭48・12・12民集27巻11号1536頁）。

　日本国憲法の人権規定は，13条に「包括的人権」として，個人主義の基本原理と幸福追求権がおかれている。具体的な権利内容はそれ以降の条文が規定するが，具体的な権利が規定されていない場合に，13条の「生命，自由及び幸福追求」という包括的な規定がカバーするという役割を果たしている。例えば，プライバシー権は，憲法制定当初は考えられていなかったが，非常に重要な権利として，13条を根拠に，私生活をみだりにおかされない自由が認められるようになったり，あるいは，家族関係の形成の仕方について，自己決定権が認められる，という考え方が有力になっている。

　14条の法の下の平等は，あらゆる点で平等に扱わねばならないというわけではない。特別な取り扱いをする際に，合理的な理由を求めているのであ

る。尊属殺人とその他の殺人を，区別して，前者の場合に死刑または無期懲
役しか処罰できないという法律は重過ぎるとして，刑法200条を違憲とした
例（最大判昭和48年4月4日刑集27巻3号265頁），嫡出子と非嫡出子を区別
して，非嫡出子は，嫡出子の2分の1しか相続できないという民法900条4
号但書前段を違憲とした例（最大決平成25年9月4日民集67巻6号1320頁）
がある。

精神的自由

①内心の自由

　内心の自由は絶対的に保障されなければならない，とされる。踏み絵によ
る思想の暴露や政府による思想弾圧など，歴史的な反省を踏まえている。近
年，問題とされるのは，公立学校の入学式，卒業式における国旗国歌の問題
である。国旗を掲揚し，国歌を斉唱することが義務づけられることに対し
て，それに反対する人々の「思想・良心の自由」が裁判で主張された。最高
裁は，起立斉唱行為が思想・良心の自由に対する間接的制約となることを認
めたが，その制約自体は正当化されるとして憲法19条違反は認めなかった。
ただ，裁判所内部でも反対意見が付されるなど，議論は続いている。

　信教の自由は，内心において信仰する自由・宗教活動の自由・宗教的結社
の自由を含むとされる。信教の自由を実現するためにも，憲法は政教分離を
併せて規定している。国家と宗教を分離するという考え方である。判例は，
この両者を厳格に分離することは実際には難しいとして，どの程度，関係が
あってもよいのかということについて，「目的効果基準」というラインを設
定した。宗教的「目的」をもっているのか，その国の行為によって，宗教に
対する援助，助長，促進または圧迫，干渉という「効果」をもっていないの
か，という判断基準である。愛媛玉串料事件では，この基準を用いて最高裁
は，県が靖国神社や護国神社に，公金から玉串料等を支出したことについて
違憲とした（最大判平成9年4月2日民集51巻4号1673頁）。

②表現の自由

　内心を外部に伝達するのが表現である。それは，自己の形成にとって必要
不可欠であるし，さらに，民主的な政治を形成するのにも必要不可欠である
ため，極めて重要な権利とされる。したがって，表現を規制するには，必要

最小限度の規制でなければならないと考えられている。他方，表現には，他者を傷つけるものもあり，自由と規制のバランスについて議論が続いている。そもそも，表現の内容が正しいか正しくないかを，国家が判断することは許されず，特定の表現内容を禁止することは許されない。ただ，いくつかのカテゴリーを設けて一部許容している。例えば，名誉毀損である。これは刑法230条が刑罰を科しているが，公共の利害に関わる事実で，公益のためになされた行為で，事実が真実だと思われるに足りる理由がある場合は，処罰されない，と最高裁は考えている。

経済的自由

かつて，封建制の時代は，生まれた家の職業（身分）を継いでいくしかなく，さらに，勝手な移動も許されなかった。憲法は，同じ22条という条文で「居住・移転の自由」，「職業選択の自由」，「国籍離脱の自由」を規定し，かつての風習を明確に打ち破っている。職業選択の自由は，解釈上，当然に職業「遂行」の自由を含むと解されている。ただ，経済活動は，手放しにすれば，他者の財産や身体に直接の損害を与える危険もあるため，経済的自由への規制については，裁判所は立法者の判断を尊重する傾向がある。例えば，職業に就くにも，弁護士や医師になるには，国家試験に合格して資格を得る必要があるし，飲食店や薬局を営業するにも「許可」が必要となっている。これは合理的な規制とされ，合憲とされている。ただ，例えば，既存の薬局と新設の薬局の間の距離を一定以上離さねばならないという距離制限規定を設けた当時の薬事法と条例を違憲とした例もある（最大判昭和50年4月30日民集29巻4号572頁）。

人身の自由

憲法は，基本的人権を10～40条で規定するが，なかでも人身の自由については，18，31～40条と，相対的に多くの条文を割いている。31条は，刑罰を科す際に適正な手続を保障しなければならないとして，33条以下でその「適正」の中身を具体的に定めている。

法律で定めた手続に基づいていたとしても，告知，弁解，防御の機会がなければ，31条に違反するというのが判例である。犯罪が発生すると，被疑者が取調べられ，逮捕され，勾留され，起訴され，裁判となる。一般的に，

「犯人」という言い方がなされる者も，裁判で決まるまでは，あくまでも疑いがかかっているだけ，あるいは裁判にかかっているだけの存在であるため，起訴されるまでは「被疑者」であり，裁判となって「被告人」である。

現行犯以外は令状なく逮捕されず（憲法33条），身柄の抑留・拘禁には弁護士依頼権が保障されねばならない（同34条）。被告人となった場合，迅速な公開裁判を受ける権利・証人審問権・弁護人依頼権が保障される（同37条）。また，自白を唯一の証拠として有罪にすることはできないとすることで，強引な取り調べによる人権侵害や冤罪を回避させようとしている（同38条3項）。

社会権

現代では，「国家からの自由」だけでなく，国家によって実質的な自由を確保してもらう権利も保障されるべきと，考えられるようになった。日本では，社会権として，生存権，教育を受ける権利，勤労の権利，労働基本権が憲法で保障されている。

①生存権

憲法25条で「健康で文化的な最低限度の生活を営む権利」を規定し，生活保護法が制定されている。しかし，この権利は，国家に対する請求権として使えない，という理解が最高裁によって示されてしまった。請求権自体は生活保護法によってはじめて生ずるのであって，憲法25条1項に具体的権利は認められない，というのである（最大判昭和42年5月24日民集21巻5号1043頁）。これに対しては，学説から強い批判が寄せられていた。

②教育を受ける権利

義務教育の無償を定めた憲法26条は，子どもの学習権を保障している。この点，誰が教育を行うのか，誰が教育権をもつのかについて争われた。これが裁判で争われたのが家永教科書事件である。東京地裁は，子どもを教育する責務を負うのは親を中心とした国民全体だという「国民の教育権」説を打ち出した。これに対して，別の裁判で東京地裁は，国が教科書の内容までも規律すべきだとして「国家の教育権」説を唱えた。その後，旭川学力テスト訴訟で，最高裁判所は，この2つの見解を「極端かつ一方的」であるとして退け，教育権は，国，親，教師にそれぞれ必要かつ相当な範囲で分配される

べきとした（最大判昭和51年5月21日刑集30巻5号615頁）。

③労働基本権

　労働者は，一般的に，雇用者に雇われており，個々人としては弱い存在である。そこで各労働者が団結することで，労働条件などを雇用者と交渉できる権利が保障されている。憲法28条は，労働者の団結権，団体交渉権，団体行動権を規定する。いわゆる労働基本権である。これを実現するために，労働組合法が制定されている。

　その一方で，公務員については，労働基本権が法律上制約されている。たとえば，一般の国家公務員は争議行為が禁止されているし，労働条件についての協約を国と結ぶことは許されない。

　判例では，争議への公務員の参加について，処罰を限定的にとらえていたが，全農林警職法事件の最高裁判決で，職種を問わず公務員の「地位の特殊性」，「職務の公共性」が強調され，争議行為が禁止される代わりに人事院の存在がある，ということから，公務員の争議あおり行為を全面的に禁止することについて合憲とした（最大判昭和48年4月25日刑集27巻4号547頁）。

　さて，最後に，冒頭のゲーム製作に対する規制を考えてほしい。ゲーム制作自体は，表現行為の一環でもあり，それにより生計を立てているのだから，それは経済活動の自由により保障される対象となるはずである。これらの憲法上の権利に対する規制が，はたして正当化できるのだろうか。規制の目的は何か，規制の方法に正当な理由があるのだろうか。自由と規制の問題は，一義的に決まるものではなく，事案ごとに考察していかねばならない。

コラム　プライバシー権と「安全」

　憲法が守るべき「自由」は，「安全」な社会をその前提とする。近年，犯罪対策やテロ対策を目的とした「安全」措置が様々にとられている。通信傍受や監視カメラは，私的な生活空間の自由，いわゆるプライバシーの制約を伴う。この「自由か安全か」の適切なバランスは，極めて難しい課題を我々に投げかけている。従来，日本では，警察や行政機関による個人情報の取得等は比較的寛大に許容されてきた。例えば，自動車の一斉検問について警察法 2 条 1 項という組織法を用いて検問を許容した最高裁判決（昭和55年 9 月22日刑集34巻 5 号272頁）があるし，また，走行車両のナンバーを取得，保有，利用する「N システム」の合憲性が争われた事件で，東京高裁は，情報取得等は強制力を伴わないため，法律の根拠を必要とせず，適法に行い得る，としている（東京高判平成21年 1 月29日判タ1295号193頁）。

　その一方で，最高裁判所は，GPS 捜査について，GPS 端末を「個人の所持品に秘かに装着する」ことについて「公道上の所在を肉眼で把握したりカメラで撮影したりするような手法とは異なり，公権力による私的領域への侵入を伴うものというべきである」として，「強制の処分」に当たるため，令状の発付を要するし，令状も新たな立法措置によって条件づけられるべきとした（最大判平成29年 3 月15日刑集71巻 3 号13頁）。

　携帯電話やパソコンに内蔵されるカメラによって「監視」されるという SF の物語のような現実が迫っているなか，「安全」の犠牲になるプライバシーの利益にますます敏感でいなければならない。

CHAPTER

3

行 政 と 法

　料理の腕前を，昔から友人たちから褒められていたあなたは，
飲食店を開業することにした。お店の構えは立派で，若い人た
ちに来てもらうために内装もオシャレにした。その一方で，厨
房は客の目から隠れているため，お金をかけず，冷蔵施設は最
低限にし，水の節約を考え，厨房の掃除は 2 週に 1 度しかし
なかった。たしかに料理は美味しく，評判を呼び，繁盛した。
しかし，半年たつと，厨房の汚れは目立った。油汚れだけでは
なく，まな板に染み込んだ黒ずんだ汚れは，いかにも汚かっ
た。そして，事件は起きた。ある日，家族連れが食事をしたと
ころ，その後，下痢・嘔吐を繰り返し，数人が死亡してしまっ
た。
　こうした事態を避けるため，その店が営業をしてよいか，行政
が「許可」という処分を出すことが法律で決められている。で
も，憲法上，営業は自由なはずではないだろうか。

1 行政の仕事の根拠

　行政の仕事は，多様である。ここで見たように，市民が自由に生活をする中で，ときに問題が発生する場合がある。このような問題が発生しないように，行政が「強制的」に予防の働きをすることがある。「問題が発生しないように」というのが，「公共の福祉」の目的を実現する，ということである。「強制的」というのは，**公権力の行使**である。つまり，行政は，公共の目的を実現するために，権力を使うことで，上から市民の自由を規制するわけだ。

　しかし，市民にとっては，もともと，憲法（例えば「職業選択の自由」のように）で与えられていたはずの自由が規制されることになる。したがって，行政は勝手気ままに，規制していいわけではない。行政が権力を使って仕事を行うには，根拠がなければならないのである。

法律による行政の原理

　「行政は法律に基づいて，法律に従って活動しなければならない。」これを法律による行政の原理という。法律というのは，全国民の代表機関である国会が制定したものなので，この原理を言い換えれば，「行政の活動は，国民の意思に従わねばならない」ということになる。この原理は，①法律の法規創造力，②法律の優位，③法律の留保の3つの命題を含むとされている。①法律の法規創造力とは，法律だけが，国民の権利を制限したり，義務を課したりすることができる，②法律の優位とは，あらゆる行政活動は，法律に（憲法にも）違反してはならない，③法律の留保とは，行政活動の一定範囲については，法律の根拠が必要である，という命題である。

　いかにも当たり前の原則であるが，とりわけ，「法律の留保」の原則の具体的な理解については，学説は対立している。まず，「侵害留保説」は，国民の権利・自由を侵害する行政活動（「侵害行政」という）については，法律の根拠が必要である，と理解する。これが，従来，支配的な見解であった。これに対して，少数だが有力な説として，「全部留保説」がある。これによると，侵害行政だけでなく，市民に給付を行う給付行政についても，法律の根拠が必要である。民主主義の下では，全ての行政活動に法律の根拠を

課す必要があると考えている。やや最近では,「本質性理論」という考え方も唱えられている。侵害行政だけでなく,国家の基本的な計画や,社会保障制度など,市民の生活に大きな影響を与えうる「本質的な」行政活動について,法律の根拠を要する,とする立場である。

法律の根拠がなく,行政の活動が行われれば,自動車運転免許が突然取り上げられたり,飲食店の営業が突然停止させられたり,などという事態が生じてしまうのだ。

行政裁量

その一方で,行政には,法律の定めから一定程度自由に行動してよい範囲が認められている。このように,行政機関自身の判断で,自由な活動が認められていることを行政裁量という。これは,法律が,行政活動の基準について一義的に定めていない場合に認められ,立法機関からも司法機関からも自由に判断でき,行政機関に一定の自律性が認められるのである。もっとも,これが広範に認められてしまえば,行政活動をコントロールできなくなるため,市民の自由や権利を制限する行政行為については,限定的に捉えられるべきだし,他方で,市民に対する給付を行う場合には,より認められやすいという傾向が見られる。とくに外交上の決定や専門技術的な内容についての決定には,広範な裁量が認められやすい。

2 行政の仕事の形式

多様な行政の活動は,いくつかに区分して整理することができる。ここでは行政行為・行政指導・行政立法・行政計画・行政契約・義務履行確保について見ることにする。

行政行為

行政行為とは,行政庁が,市民の権利義務関係や法律関係を一方的に変更し,その決定が市民を法的に拘束する行為のことをいう。ここで,「行政庁」とは,行政主体の意思を決定して外部に表示する権限を持つ行政機関のことである。各省大臣や地方公共団体の長などが行政庁である場合が多い。行政行為は,「一方的」に市民を「拘束」する決定を行政が行うため,市民の自

由は，明らかに制限されることになる。

　行政行為は，代表的なものを内容に即して整理すると，次のようになる。①下命・禁止，②許可，③特許，④認可，⑤確認などがある。①下命とは，違法建築物の除去命令（建築基準法 9 条）や課税処分（国税通則法32条 1 項）などのように，市民に対する作為義務，給付義務，受忍義務を課す行為である。他方，禁止とは，営業停止命令（食品衛生法56条）のように，不作為義務を課す行為である。②許可とは，飲食店の営業許可（食品衛生法52条 1 項），運転免許（道路交通法84条）などのように，一般的に禁止されている行為を特定の条件の下で解除する行為である。③特許とは，電柱を立てるために道路を占有するための許可（道路法32条 1 項）や，海を埋め立てる際に必要となる都道府県知事の公有水面埋立免許（公有水面埋立法 2 条 1 項）のように，一般的に，元来，人がもっていない権利を特別に付与する行為である。④認可とは，電車の運賃を変更する場合に必要となる国土交通大臣の認可のように，私人間の行為の効力を補充して，その効力を完成させる行為である。⑤確認とは，建築確認（建築基準法 6 条 1 項）のように，特定の事実や法関係の存否を認定して対外的に表示する行為である。

行政立法

　行政立法とは，行政機関による規範の定立のことである。通常は，「法律による行政の原理」に基づいて，行政活動の基準は法律で定めるべきである。しかし，あらゆることを法律で事前に，こと細かに規定しておくことは不可能である。実際には，行政機関が，法律の趣旨を具体化する形で，法律の委任を受けて，行政活動の行動基準を自ら定めることがある。このような規範定立を行政立法という。

　通常，行政立法は，「法規命令」と「行政規則」に分類される。法規命令とは，行政機関の定める一般的・抽象的な規範のうち「国民に対する法的拘束力のある規範」のことをいう。他方，行政規則とは，通達や裁量基準などのように，国民に対する法的拘束力をもたない，通常は，行政内部にのみ通用する規範のことをいう。

　ただ，憲法41条で「国会は……国の唯一の立法機関」となっているように，本来は国会が立法を行うべきであるから，行政機関の立法は限定的にの

み許されると考えねばならない。したがって，当然ながら国会が定めるべき
事項を何の基準もなく行政に丸投げする立法（白紙委任という）は許されな
い（白紙委任の禁止）。

通達は，行政の統一性をはかるために，上級行政機関が下級行政機関に対
して法解釈の基準や行政運営の基準を伝達するための規範である。文書の形
をとったものを「通達」といい，口頭で行われるものを「訓令」という。通
達は，通常，国民に対する法的拘束力を持たない。しかし，従来，パチンコ
球遊器に課されていなかった物品税が，通達を機に，新たに課された事件
で，最高裁判所は「通達の内容が法の正しい解釈に合致するもの」であっ
て，通達による課税処分を適法とした（最判昭和33年3月28日民集12巻4号
624頁）。このように国民の権利・利益に関わる処分が，法律ではなく，通達
で行われることには批判が強い。

行政指導

冒頭の飲食店の事案において，保健所が，あなたに，食中毒の原因が判明
するまで営業を自粛してほしいと「お願い」してきた場合，それは権力的な
作用ではない。このようなお願いを「行政指導」という。したがって，行政
指導とは，行政機関が相手方の同意を得て，非権力的に，行政目的を達成す
るための事実行為である。行政行為が権力的に行われるのに対して，行政指
導は，形式上は法的拘束力もないため，よりソフトな手法である。したがっ
て，法律の根拠なく行うことができるとされる。すると，指導を受ける側か
らすれば，指導に従わねばならないのか，従わなくてもよいのかはっきりし
ない。にもかかわらず，日本では行政指導がしばしば使われる。

そこで，行政指導のあり方をルール化しようということで，行政手続法
（地方では行政手続条例）のなかで方針が定められている。①行政機関の任
務又は所掌事務の範囲を越えてはならないこと，②行政指導は，相手方の任
意の協力によってのみ成り立つので，相手方が行政指導に従わなかったから
といって，不利益な取扱いをしてはならないことを定めている（行政手続法
32条1，2項）。また，③口頭でした行政指導であっても，相手方の求めが
あれば，書面の交付を行わなければならないことも定め，行政指導の不透明
さや責任逃れを回避させるようにした（同法35条）。

行政計画

　街中を見回すと，建物の目的に応じて区画が整理されていることがわかる。例えば，工場の周りには他にも工場が並び建っていたり，八百屋や魚屋などの商店は並んでいたり，廃棄物処理場は住宅密集地から少し離れたところにあったりする。住居でも，戸建ての家が並ぶところと，高層マンションが並ぶところと，比較的区分けがなされている。このように，工業系地域，商業系地域，住居系地域など「用途地域」に分ける「計画」を行政が立てているのである。行政は，将来的にどのような都市を作るかを構想し，計画しているのだ（いわゆる都市計画）。この計画に基づいて，都市を形作るため，住民は土地を持っていても，その権利には一定の制限がかけられる。

　そこで，計画の策定には，住民などの利害関係人を保護するための民主的な手続が必要と考えられる。例えば，都市計画法では，都市計画案について「公聴会の開催等住民の意見を反映させるために必要な措置を講ずるものとする」（法16条 1 項）としている。

　他方，行政計画の策定に，法律の根拠が必要なのかどうかについては一義的にいうことは難しい。土地の利用を制限する用途地域の策定は，権利者を拘束するので，法律の根拠が必要になる。しかし，非拘束的計画については，「侵害留保説」からすると法律の根拠が不要ということになる。しかし，行政計画が国や地域の将来について，重要な決定をしていると捉えれば，法律の根拠が必要になる。いかなる内容のいかなる強度をもった行政計画なのか，個別的に考えていかねばならない。

行政契約

　行政の活動は，行政行為のように，権力的・一方的に私人に対して行為を行うだけではない。行政も，仕事をするために，建物を建てなければならないし，必要なパソコンや文具を購入する必要もある。パソコンや文具の購入には，市民間で行われる売買契約が，行政と私人の間でも行われる。また，市役所を建てる場合には，建築業者に工事を発注する「請負契約」が行われる（⇒本書第 7 章 4 ）。このように，国や地方公共団体が締結する契約を「行政契約」という。行政契約も，「非権力的」な行為である。

　ただ，この契約には，国や地方公共団体が当事者だからこその特殊性があ

り，そこに一定のルールが必要になる。例えば，水道供給などの給付行政において，行政の主観的判断で，供給しなかったり，特定の地域だけ高額な契約を締結したりすることは，「平等原則」の観点から許されない。水道法では，水道事業者（市町村）は，「正当の理由」がなければ給水契約の締結を拒否してはならないとしている（法15条１項）。

また，例えば，公害を防止するために，従来，規制を課していた領域について，行政と規制対象の企業との間で合意を得て，規制目的を達成する場合がある。いわゆる「公害防止協定」である。例えば，強制的な立入検査の権限を定めたり，一定の公害防止目標を定めたりすることがある。協定を結ぶことで公害を防止するのだから，法律よりも厳しい規制を行う場合もありうるとされる。

最近では，福祉行政の民営化が行われるなかで，全ての公の施設の利用の可否が行政処分としてよいかどうかに，柔軟な運用が行われるようになっている。とくに「措置から契約へ」という標語に表れるように，福祉施設への入所決定については，「措置」と呼ばれる行政処分が行われてきたが，社会福祉法制の改革で，福祉施設との「契約」によって行われることになった（介護保険法，障害者自立支援法）。

このように契約を取り入れる手法は，「行政のスリム化」の流れの中で，病院の管理・運営を一括して民間に委託する契約を交わして，民間資本による管理・運営をはかる PFI 事業や，駐車違反の確認を民間事業者に委託するなど，契約が広く使われるようになっている。

義務履行確保

本来，市民がやるべきことをやらないために，行政が一定の強制的手段をとることを「行政の義務履行確保」という。これには，国税徴収法に基づく行政上の強制徴収と，行政代執行法に基づく代執行というように，一般法が定められているものがある。

代執行とは，他人が本人に代わって行うことができる作為義務（代替的作為義務）について，これを履行しない義務者に代わって行政庁が行い，その費用を義務者から徴収する制度のことである。例えば，違反建築物に対する除去命令に期限内に従わない場合，行政は必要な措置をとることができる

（建築基準法9条1項）。代執行は，市民にとれば，強制力をもった厳しい措置となるため，①代替的作為義務を履行しないこと，②他の手段によって履行を確保することが困難なこと，③不履行を放置すれば公益を著しく損なうこと，という要件を充足しなければ成立しない（行政代執行法2条）。

代執行を実施するには，戒告を行い，さらに代執行令書の通知という手続を踏み，それでも本人が履行しないときに，代執行を行うとされる（行政代執行法3条）。

3 行政手続

行政活動は，法律による行政の原理だけで，完全に市民の自由や権利が守られるわけではない。法律に違反する行政活動も出てくるし，あるいは，そもそも不利益を受ける前に，何とか対処すべき問題もありうる。そこで，行政の決定がなされる前に，その決定の過程に市民や関係人を参加させ，監視させることが求められる。このように，結果ではなく，過程（プロセス）を透明にするために，行政手続法が1993年に制定された。

行政手続法の目的は，「公正の確保」と「透明性の向上」であり，それによって「国民の権利利益の保護」に役立てることである（法1条）。行政手続法は，①処分，②行政指導，③届出に関する手続，④命令等を定める手続に関して，行政全般に共通する事項を定めている。ただし，地方公共団体の手続について，行政手続法3条3項は，処分・届出が条例で定められている場合は，行政手続法の適用を除外するなど，適用されない対象も挙げている。

申請に対する処分については，行政庁が許認可をするかどうかの「審査基準」を定め，公にしておかねばならないとしている（5条）。また，私人の申請を放置されては困るので，申請に対する標準処理期間を定めるよう努めなくてはならないとしている（6条）。特定の者を名宛として，直接義務を課したり，権利を制限する処分（不利益処分）については，「処分基準」を定めたり，これを公にしておくよう努めなければならない（12条）。

4 権利救済

　市民の権利が行政によって侵害されたり，市民が不当な扱いを受けたり，損害を被った場合，その権利を救済する方法は，大きく2つある。1つには，行政機関に対して不服を申し立て，行政の処分の適否を判断してもらう方法であり，行政不服審査制度という。もう一方は，裁判所に権利の回復や損害の賠償を訴求する方法であり，行政争訟という。

行政不服審査法

　行政不服審査法の目的は，国民の権利利益の救済，行政の適正な運営の確保である。これは，裁判所による救済に比べて，簡易迅速な手段とされ，費用も安くすむ。ただ，裁判所と比べると，公正性や公平性において劣るのではないかという疑念も生じる。不服申立ての種類には，①審査請求，②再調査請求，③再審査請求がある。①審査請求は，処分について不服がある場合と，行政庁の相当期間の不作為がある場合に行うことができる。②処分に不服がある者は，一定の要件の下で，再調査の請求をすることができる。③例えば，市町村長による生活保護の決定に対して行った審査請求について，都道府県知事が裁決を行うが，その裁決に不服がある者は，さらに厚生労働大臣に対して再審査請求をすることができるとされている（生活保護法66条1項）。

行政訴訟

　行政訴訟は，裁判によって違法な行政作用を是正し，それによって，国民の侵害された権利利益の救済を図る制度である。行政事件訴訟法は，①抗告訴訟，②当事者訴訟，③民衆訴訟，④機関訴訟の4つの訴訟類型を定めている。①抗告訴訟とは，「行政庁の公権力の行使に関する不服の訴訟」である。ここには，取消訴訟・無効等確認訴訟・不作為の違法確認訴訟・義務付け訴訟・差止訴訟の6類型がある。取消訴訟は，行政庁の処分・裁決について，その全部または一部の取消しを求め，その処分・裁決の法的効力を消滅させる訴えである。取消訴訟には，訴えられる期間（出訴期間）という制約があるが，無効等確認訴訟は出訴期間の制約がない救済手続である。行政庁が，国民の申請に対して処分・裁決をしない場合，行政庁の違法の確認を求

める訴訟を，不作為の違法確認訴訟という。

　行政事件訴訟法は，取消訴訟の手続を中心に規定し，それ以外の訴訟類型に，取消訴訟に関する規定を準用している（取消訴訟中心主義）。取消訴訟は，適法に訴えをしないと，訴え自体が不適法として，「却下」の判決となる。したがって，訴えを適法にするために，「訴訟要件」を整えなければならない。取消訴訟の訴訟要件には，処分性・原告適格・訴えの利益・被告適格・管轄裁判所・不服申立前置・出訴期間がある。

　行政庁の処分が，公権力によって，国民の権利義務に対する直接的な規律にあたる場合に処分性が認められる傾向がある。行政事件訴訟法は9条1項で，処分・裁決の「取消しを求めるにつき法律上の利益を有する者」に限って取消訴訟を提起できるとする。これが原告適格の問題と呼ばれている。2004年に行政事件訴訟法が改正されるまでは，この原告適格を認めない傾向が続いたが，改正後，小田急高架化訴訟大法廷判決（最大判平成17年12月7日民集59巻10号2645頁）において，鉄道の立体交差化の事業が実施されることにより，騒音・振動等による被害を直接的に受けるおそれのある者にも原告適格が拡大された。これ以降，原告適格の実質的拡大が期待されている。

国家補償

　国家補償制度には，国家賠償制度と損失補償制度がある。

　国家賠償法は，国又は公共団体の公権力の行使に基づく損害賠償責任を規定している。賠償の要件は，公権力の行使によった違法な行為について損害賠償を認める。国賠法2条は，「道路，河川その他の公の営造物の設置又は管理に瑕疵があったために他人に損害を生じたときは，国又は公共団体は，これを賠償する責に任ずる」とする。瑕疵とは，法的に，権利や物に欠陥があることである。国又は公共団体による設置・管理の瑕疵があった場合に，賠償責任が認められる場合がある。例えば，高知落石事件判決（最判昭和45年8月20日民集24巻9号1268頁）では，管理者が「落石注意」の標識を立てるなどをしていなかったところ，トラックに岩が落ち，運転者が死亡した事件で，最高裁は，道路管理の瑕疵を認めて賠償責任を肯定した。

　損失補償については，日本国憲法29条3項が「私有財産は，正当な補償の下に，これを公共のために用ひることができる」と定めている。損失補償の

算定方法は,「その当時の経済状態において成立すると考えられる価格に基づき合理的に算出された相当な額をいうのであって,必ずしも常に上記の価格と完全に一致することを要するものではない」と最高裁は述べている。

コラム 「民による行政」

国または地方公共団体が行ってきた業務を,民間組織が行う「民による行政」が多用されている。例えば,「指定」という一種の行政処分を介在させることで,民間組織を行政が利用できるようになる。この「指定法人」が,「公権力」を行使する場合に問題となる。

日本では,建築物については,建築士が設計し,建築主事という行政機関がその適法性を判定することで,「建築確認」という行政処分を行っている。1998年の建築基準法改正により,「建築確認」については「指定確認検査機関」という指定法人も行えるようになった。しかし,2005年に耐震偽装事件が起き,次々と偽装建築が発覚すると,それが指定法人の建築確認が原因であるかは別としても,建築確認のあり方が再考されるきっかけとなった。

「民による行政」については,その業務遂行の責任が,しばしば問題となる。建築確認が民間に委ねられた場合,行政はその責任から解放されるのだろうか。建築基準法では,指定確認検査機関の行った「確認」を,特定行政庁が失効させることができる,というように,強い権限が行政庁に残されている(法6条の2第4項)。最高裁は,これをもって,指定確認検査機関の建築確認についての事務は,「建築主事による確認に関する事務の場合と同様に,地方公共団体の事務」である,とした。そして,確認事務について,国家賠償請求訴訟の賠償請求先が地方公共団体として認められたのである。

民間組織による活動の柔軟性や自由を保障するためにも,また,民間組織による手抜き仕事で公共の利益を損なわないようにするためにも,国または地方公共団体による監督や干渉のあり方が課題となっている。

CHAPTER

4

裁 判 制 度

大学生のKさんは2万円のアニメブルーレイBOXを友人に貸したが，返してくれない。Kさんは，どのような行動をとるだろうか。また，どうすれば友人から返してもらえるだろうか。その後，Kさんはなんとか返してもらったブルーレイBOXを早く見ようと急いで家に帰る途中の横断歩道を渡ったところ，仕事帰りの会社員のNさんの運転する自動車がスピードを出して走ってきた。Kさんは自動車と衝突してしまい，ブルーレイボックスのディスクだけでなく，自分の骨も折れてしまって入院する羽目になった。Nさんは仕事帰りに飲酒をした後に運転をしていた。Kさんはどうすべきか。またNさんはどうなるだろうか。

1　日常のトラブルの解決と裁判

　人は一生の間に様々なトラブルに遭遇する可能性がある。離婚や相続などの家族・親族間の紛争や詐欺的商法による被害などの個人の経済的紛争が典型例である。自己責任という考え方からすると，トラブルはその本人の責任だとする見方もあろう。しかし，交通事故・火災・医療事故など，いつどこで自分の身に降りかかるかわからないトラブルもある。また，学校でのいじめが問題になっていたり，大学でも SNS に写真を勝手にのせるといったプライバシー侵害が既に身近な問題となっている。就職をした後でも，職場のハラスメント・過労死・リストラなどの労働問題に直面するかもしれないし，不景気な世の中では，企業買収の攻防や企業の破産なども起こりうる。安心できるのは家にいる時だと思っても，自宅の欠陥やマンションの住民組合のトラブルなども各地で発生している。

　このように，ありとあらゆる場所・時間・ライフサイクルでトラブルに巻き込まれる可能性があるということを念頭に入れて，もしもトラブルにあった場合にどう対処すべきかを考えて備えておくことは大切である。

　法学を学んでいる以上，こうしたトラブルを解決する制度としての裁判制度は重要であり，憲法，民法や刑法で学ぶ判例はこうした一つ一つのトラブルの解決の中から，今後も重要な判断基準となりうるものを学んでいるわけである。つまり，訴えが提起され，裁判を行った結果の判断の中身を勉強するわけである。しかし，改めて考えてみてほしい。私たちがトラブルに巻き込まれた場合にどのように解決をしているのかということだ。例えば，「友だちにお金1000円を貸したけど返してくれない」―このようなトラブルは学生につきものかもしれない。あなたはこの場合，どのようにして解決をするだろうか。「裁判をする」―このように答える人は皆無であろう。普通は，「本人に LINE する」とか「何度も電話をする」，「会って直接交渉する」などであろう。場合によっては，「大した額じゃないし，諦める」というかもしれない。

　つまり，日常のトラブルにおいて，様々な解決方法があり，裁判はそうした解決方法のひとつなのである。

裁判が国家のシステムとして存在する理由は，自力救済の禁止ということに集約される。この自力救済の禁止とは，私人が法の定める手続によらずに自己の権利を実現することを禁止する原則のことである。例えば，お金を貸したけど返してくれない場合，借りた人の家に押し入って，お金もしくはその代金に匹敵する物を回収すれば手っ取り早い。しかし，それを許すと，力のある方が常に勝ってしまい，弱者は暴力によって屈したり，泣き寝入りを強いられてしまいかねない。これは武力こそが物を言う前時代的な解決である。そこで，公平な裁判により，国家機関である裁判所が権利を確定し，権利を実現することで，正当な権利者に救済を与える仕組みを整えている。すなわち，正当な手続の下で自分の権利を主張し，その言い分を認めてもらうという過程を経ることで，権利を実現するというものである。一見，遠回りな方法ではあるが，こうした手続を経ることが重要であり，当事者双方に十分な手続保障の機会を与え，より説得的である方の言い分を認めるという意味で，同じ土俵で対等な「ルールの中での争い」として決着を付けることができるのである。この裁判制度は，憲法上も裁判を受ける権利（日本国憲法32条）として明文化されており，誰もが用いることのできるしくみになっている。

2　裁判と裁判外紛争解決制度（ADR）の選択

裁判と ADR のメリット・デメリット

もっとも，裁判による解決は，メリットもデメリットもある。メリットは，判決内容に拘束力があり，その判決に基づいて強制執行（民事執行手続）を行うことも可能であるという点である。勝訴判決を受けたら，自らの要求を最も確実に実現できる事につき，国家がお墨付きを与えて実行してくれるわけである。しかし，一方で，裁判手続は，国家による権利の強制的な実現を図ることから，それを実現するための手続は厳格であり，勝訴か敗訴かのゼロサムの関係でもあることから，判決内容に柔軟性もない。また，訴額や弁護士費用がかかることから，実際の要求を隈なく実現できるとは限らない。そして，相手方に不動産や銀行預金などがあればよいものの，強制執

行を行っても，現実問題として金銭がない場合も多く，事によると倒産してしまうケースもある。そうなると，たとえ手間をかけて裁判をしたとしても，結果的に裁判に費やした時間と費用が無駄になる可能性もはらんでいる。

　そこで，注目されている裁判に代わるシステムが，裁判外紛争解決制度（Alternative Dispute Resolution）である。一般にADRと略して用いられている。ADRは様々な機関がその専門性を用いて設置しており，司法系では，裁判所の民事調停・調停委員会，行政系では，中央労働委員会・国民生活センター・消費生活センター・公害等調整委員会，民間系では，弁護士会による紛争解決センター・日本商事仲裁協会・交通事故紛争処理センターなどが常設のADR機関として存在する。ADRは，裁判ほど厳格なものではないため，安価・迅速・簡便に利用でき，当事者の事情や真の欲求が反映されやすく，満足のいく実情に即した結果が得られやすいといわれている。また，裁判所では分からないテクノロジーや商取引慣行を用いて判断でき，紛争の実情（事案の背景・経緯・個別事情・感情）を総合的に考慮した柔軟な処理ができるほか，裁判所のように法的観点を優先させることなく，日常性を重視し，法律の素人でも意思決定が容易にできるところがメリットである。しかし，唯一かつ最大のデメリットは，確実な実現手段がなく，任意の履行がなければ，実現できないという点である。

　そこで，ADRにも，拘束力という点でレベルがあり，一定の法律関係に関して現在または将来発生する可能性がある紛争の処理を，私人である第三者の判断に委ねる旨の合意に基づいて行われる紛争解決の方法である仲裁から，当事者同士がお互いの不満を伝えあうための話し合いをもち，不満を表現することで，お互いの欲求を理解し，「win-win（双方が勝者）」の関係を探求する方法である調停まで，ADRの中での選択肢も存在する。

　ADRはアメリカにおいて，心理学の見地を取り込んで発展している。その背景には，アメリカは訴訟社会であり，何事も裁判で解決をする傾向が強かったが，その結果，当事者間に多くの軋轢（あつれき）を生んでしまった反省から，紛争の原因である「コンフリクト（conflict）」を明らかにし，他者と対立して自分優先に物事を考えるような競合志向から，お互いの協力関係を重視し，信頼に基づくコミュニケーションを図るとともに，友情や援助

を提示し合うような関わり合いを行う協調志向への転換を図っている。

隣人訴訟

　日本において，正当な権利であるはずの裁判をしたために，批判を浴びて「炎上」してしまった事例は数多くある。その代表例が，隣人訴訟と呼ばれる不幸な事件である。1977年，三重県鈴鹿市において，会社員方で預かっていた近所の子どもが溜め池に落ちて水死するという事故が発生し，亡くなった子どもの両親がこの会社員らを相手取って損害賠償請求をおこした事件である。実は，預かっていた方も預けた方も家族ぐるみの付き合いのある仲の良い関係であったが，事件後，預かっていた方は明確な謝罪の言葉もないまま，関係が断絶し，裁判をするに至った。裁判所は，預けた方の過失を認め，過失割合を原告7：被告3として過失相殺を行いつつも，責任を認めて約530万円の損害賠償を命じた。これが新聞等で実名で報道され，子どもを亡くした原告側に非難と罵倒の匿名の手紙や電話がひっきりなしにあったという。また原告の家族は，学校でいじめられたり，商売で取引先が取引を断るなどの弊害も発生したそうである。数十年前の話ではあるが，地域によっては，裁判をすることを忌み嫌う風潮は依然として残っている。裁判をすることは正当な権利であるということを理解する必要があるが，一方で，それを用いることなく，ADRなどを利用して，人間関係を壊さないように配慮しつつ，紛争の解決を模索することも必要といえよう。

　したがって，事例のような場合には，裁判をしてブルーレイBOXを返してもらうという手段もあるが，それは両者の関係性に決定的な溝を作ることになろう。また，少額の事件で裁判を用いることの限界もある。そこで，交渉やADRなど様々な手段の中からもっとも実現しやすい方法を選択して解決を図ることになる。

3　民事裁判と刑事裁判の違い

　日本の裁判制度は，民事裁判と刑事裁判の2種類がある。民事裁判とは，両当事者が手続の中で十分な主張立証の機会を与えられ，中立公平な国家機関である裁判所がその結果を踏まえて判断するというシステムである。一

方，刑事裁判とは，被告人が犯人であることを証拠によって認定し，被告人に刑罰を科すシステムである。同じ裁判といえども，2つの裁判はその性質が大きく異なる。

民事裁判は，原告が被告を訴える形式であり，私的利益に関する私人間の紛争であることから，和解など当事者同士で譲歩し合って決着することも可能であるのに対し，刑事裁判は，検察官が被告人を訴える形式であり，犯罪者に刑を科し，社会の安全と秩序を守るための手続であるため，検察官と被告人が妥協して決着をすることはできない。

また，民事裁判の理念は，公平・正義だけでなく，迅速・経済的に行うことも含まれており，時間やコストの概念も重視される。一方，刑事裁判の理念は，人権保障であり，死刑・懲役・罰金等の重大な不利益を科す手続であるため，厳格なルールに基づき，被告人の権利を保障することにより，冤罪を防ぐ必要がある（十人の真犯人を逃すとも一人の無辜（むこ）を罰するなかれ）。

そして，民事裁判は，裁判官に「その事実がある」という高度の蓋然性の心証を持たせた方が勝訴するが，刑事裁判は「疑わしきは被告人の利益に」といわれるように，裁判官が「被告人が犯人である」という確信を抱かないと有罪にしてはいけない。

事例の場合，Kさんは，Nさんに対して，任意にお金を払ってもらえない場合，民事裁判を起こして，治療費や慰謝料を払ってもらったり，ブルーレイBOXを弁償してもらうことができる。そして，飲酒運転をしていたNさんに対して，検察官が起訴した場合には刑事裁判にもなる。

民事裁判と刑事裁判は異なる手続であるために，同じ事件が元となった裁判であるとしても，別個独立に行われる。例えば，事例のような交通事故の場合，被害者が加害者に対して民事裁判を起こし，被害の回復を図ることが考えられる。一方，交通事故は民事事件だけでなく，刑事事件の側面もあり，業務上過失致傷罪に問われたり，その態様が悪質であったら危険運転致傷罪に問われる可能性もある。前述のような民事裁判と刑事裁判の違いから，刑事裁判では被告人が無罪でも，民事裁判では被告への損害賠償が認められるというように，結論が分かれることも起こりうる。

もっとも，刑事裁判は，検察官と被告人の争いであるために，被害者は蚊帳の外であることに対して，被害者の意向を裁判に反映させたり（犯罪被害者参加制度），被害者が別に民事裁判を起こす困難さを考慮して，刑事裁判の中で損害賠償を認めたり（損害賠償命令）するなど，法改正により両者の接近が図られつつある。

4 裁判の担い手

裁判官・検察官・弁護士の役割

　裁判には多くの者が関与する。法律事務に従事する者のことを法曹と呼び，特に，裁判官や検察官や弁護士のことを法律家という。法律家は，法科大学院を卒業した者（法務博士）もしくは予備試験を合格した者に司法試験の受験資格が与えられ，その司法試験に合格した者が司法修習を受けてさらに試験に合格することで，裁判官，検察官，弁護士へとなっていく。

　裁判官は，司法権を行使して裁判を行う官職にある者であり，最高裁判所の裁判官と下級裁判所の裁判官に分かれる。最高裁判所の裁判官は，最高裁判所長官1名と最高裁判所判事14名で構成され，内閣の指名に基づいて天皇が任命する。また，下級裁判所の裁判官は，高等裁判所・地方裁判所・家庭裁判所それぞれに配置される判事と判事補で構成され，最高裁判所の指名した者の名簿によって内閣が任命する。判事補は，原則として1人で裁判をすることができず，合議体で判断することになる。また，簡易裁判所は裁判官以外にも，司法事務に長年携わった者が任命されることもある。どの裁判官も，中立の立場で公正な裁判をするために，その良心に従い独立してその職権を行い，日本国憲法及び法律にのみ拘束される（憲法76条）。

　検察官は，検察権行使の権限主体であり，事件を捜査する警察が被疑者を取調べ，裁判で罪を問うことがふさわしいと判断した場合，被疑者は検察に送られ（送検），検察が裁判をするかどうかを判断する（起訴便宜主義）。そこで，検察官は，公訴を裁判所に提訴することにより，裁判所に法律（刑法等）の正当な適用を請求し，かつ，裁判の執行を監督する役割を担っている。検察官は，検事総長，次長検事，検事長，検事及び副検事に区分される。

弁護士は，依頼を受けて法律事務を処理することを職務とする専門職であり，強制加入団体である各地の弁護士会及び日本弁護士連合会に登録し，会費を払うことで，弁護士業が可能となる，弁護士は，民事裁判において，原告・被告等の訴訟代理人として主張や立証活動等を行う。一方，刑事裁判において，弁護人として被告人の無罪を主張し，あるいは適切な量刑が得られるように主張し，検察官と争う。しかし，弁護士の仕事は裁判に限らず，個人から委任される民事上の一般的な法律問題の処理をする一般民事のほか，企業を委任者とする法律問題を扱う企業法務，企業の社員または役員として当該企業の法務に従事する弁護であるインハウスロイヤー（組織内弁護士・企業内弁護士）等，活躍の幅を広げている。

市民の司法参加

　裁判は，法曹が主な担い手であるが，一般の市民も司法に関わる場面がある。例えば，全員が関わりうるものとして，衆議院選挙の時に行われる国民審査であり，最高裁判所裁判官を罷免するかどうかを国民が審査する制度である。これまで罷免された裁判官はいないが，国民にとって，最高裁の裁判官がどういった判断をしているかに関心を持つチャンスとなっている。一方，民事事件においては，調停委員・司法委員・家事調停委員・参与員・家事調停官・労働審判員に選任されて事件に関わったり，刑事事件においては，裁判員・検察審査会に選任され事件に関わることもあるかもしれない。

　特に重要な国民の司法参加の制度が，2009年より開始された裁判員制度である。裁判員制度とは，選挙権を有する者の中から事件ごとに選ばれた6人の裁判員が，3人の裁判官とともに，裁判で審理を行い，有罪・無罪の判断（事実認定）とその量刑を決めるというものである。諸外国の例をみると，アメリカの陪審制度は，1人の裁判官と事件ごとに選ばれた12人の陪審員によって，有罪か無罪かだけを決め，ドイツの参審制度は，3人の裁判官と4年の任期で選ばれた参審員によって有罪か無罪かの判断と量刑を決める。日本は，この両者を参考に，独自の制度として運用されている。裁判員制度は，国民の中から選任された裁判員が裁判官と共に刑事訴訟手続に関与することによって，司法に対する国民の理解の増進とその信頼の向上に資するために設けられているため，国民の意見を裁判に反映させることが目的ではな

い。アメリカのように，民事事件も陪審員が担当する国もあるが，日本の裁判員の場合，死刑又は無期の懲役・禁錮に当たる罪に係る事件，もしくは，法定合議事件であって故意の犯罪行為により被害者を死亡させた罪に係る事件が対象になっている（重大事件）。ただし，裁判員やその親族等に対して危害が加えられるおそれがあるような事件は除外される。裁判員は，選挙管理委員会が選挙人名簿に登録されている者の中からくじによって裁判員候補者の予定者を選定して裁判員候補予定者名簿を作成し，地方裁判所に送付する。そして対象事件ごとに，地方裁判所がその名簿の中から，さらに呼び出す裁判員候補者をくじで選定する。裁判員に選ばれた場合，欠格事由や辞退事由がない限り，基本的には裁判員として出廷義務があり，事件についての守秘義務も課されている。有罪・無罪の決定及び量刑の判断は，アメリカのような全会一致ではなく，裁判官と裁判員の合議体の過半数であり，かつ，裁判官及び裁判員のそれぞれ1人以上が賛成する意見によって決められる（評決）。

5 身近な司法へ

　身近な紛争と日本の裁判制度を見てきたが，日本は一般に裁判をしたがらないといわれている。しかし，本当は救済されるべき者が泣き寝入りをしてしまうことは大きな問題である。そこで，国民意識を変えることは難しいが，司法アクセスのしやすさを向上させる等，裁判をしやすい環境整備を段々と進めている。

　まず，司法過疎対策として設けられた法テラス（日本司法支援センター）と呼ばれる国が設立した法的トラブル解決のための総合案内所がある。全国各都道府県庁所在地に開設し，生活上の法的なトラブルの解決に向けた情報を提供したり，無料の法律相談を行うなどのサービスを提供している。

　次に，裁判の費用の援助として制度化（総合法律支援法）されたリーガルエイド（民事法律扶助）がある。これは，経済的理由等によって資力が乏しい者が，弁護士などの法律専門家を依頼する費用を支払うことができない場合，その費用を公的機関が給付したり立て替えたりする制度である。

最後に，弁護士の関与の在り方について，日本やアメリカは，弁護士代理主義とよばれ，訴訟代理人になることを弁護士に依頼することもできるが，本人訴訟も可能である。しかし，ドイツは弁護士強制主義をとっており，訴訟手続・訴訟技術に熟達した者だけが訴訟することで，効果的な審理を図っている。日本においても，弁護士強制主義を採用すべきかどうかという議論がある。もっとも，弁護士強制主義を取るためには，十分な法曹人口とその普遍化，弁護士費用の定型化等，考えるべき問題も多い。法曹人口が増加しつつある今日，法律家のあり方も再考する時期にも来ている。

コラム 弁護士の仕事

　弁護士は法律のプロであり，法的な知識や弁論術を持っているが，それだけでよいわけではない。「弁護士は五者たれ」という言葉を聞いたことがあるだろうか。弁護士は，多くの顔を持つ必要がある。１つは，医者のように，クライアントを診察する。２つは，学者のように，専門的な知識を持つ。３つは，易者（占い師）のように，先行きを予測する。４つは，演者のように，演技をする。５つは，芸者のように，プロとしてお金をもらって仕事をする。弁護士は，法廷で弁論をするだけではなく，大規模訴訟の弁護団として多くの弁護士と一緒に活動をして社会正義を守る存在であり，市民窓口相談や委員会の役職について弁護士会の仕事をして市民に身近な存在であり，依頼者や来客との打ち合わせをして困っている人を助ける存在でもある。弁護士には様々な役割が期待されているのだ。

　弁護士法１条には，「弁護士は，基本的人権を擁護し，社会正義を実現することを使命とする」とある。こうした使命が明記されているのは弁護士だけで，検察官にも裁判官にも使命は明記されていない。弁護士には，単なる司法サービスの提供だけでなく，基本的人権の擁護と社会正義の実現が使命という多大な職責がある。

CHAPTER

5

財　産　と　法

大学生のＹさんは，実家で祖父母と両親と４つ歳の離れた妹
と暮らしている。ある晩，妹と TV ドラマを観ていると相続問
題で兄弟が仲違いをするシーンがあった。妹は「うちは財産な
んてないから関係ないね」と気にする様子もなかったが，最近
大学で民法の講義を受けているＹさんは，妹の言った「財産」
という言葉の意味をあらためて考えてみた。会社員の父に聞い
てみると「うちの財産は持ち家と庭かな」と言い，便利グッズ
を作るのが趣味の母は「発明品の権利もあるわよ」と言う。そ
して紳士服の店を経営している祖父は「うちの店のブランド
だってそうだ」と胸を張り，齢75にして現役の海女である祖
母は「漁ができる権利だって立派な財産なのよ」と教えてくれ
た。Ｙさんは家族の話を聞いているうちに，思っていた以上
に，財産というものの種類はもっと多いのではないかという気
がしてきた。

1 法的保護の対象となる財産

　財産とは何だろうか。普段はあまり意識せずに使っている財産という言葉も，法的保護の対象となる財産という限定の下に使う場合は，その定義を曖昧なままにしておくことはできない。憲法29条には財産的価値を有する権利である財産権についての規定がなされており，同条２項は「財産権の内容は，公共の福祉に適合するやうに，法律でこれを定める。」としている。つまり，いくら自分にとって財産的な価値があると思われるものであっても，なんでもかんでもが財産権として法的保護の対象となるわけではないし，ましてやそれが公共の福祉に反するようなものであってはならないということである。また，民法１条３項には「権利の濫用は，これを許さない。」という規定がおかれている。例を挙げると，泉源と温泉を繋ぐ引湯管が温泉街での仕事で生計を立てている人々の生命線であることを知りながら，必要もないのに，わざわざ引湯管が通っている山奥の土地を購入し，その土地の所有権を笠に着てとんでもなく高い値段で買い取るよう温泉の経営者に迫るなどという行為は，権利（財産権）の濫用であり認められないのである（大判昭和10年10月５日民集14巻1965頁）。つまり財産権という権利は，公共の福祉や他の権利との間の調整等において一定の制限を受けている。

　現在，日本において一般的に財産権として法的保護の対象となる財産とされているのは，①家や土地，車のように物として所有の対象となるような有体財産，②特許権や著作権といった知的財産権のように物として所有できない無体財産，③他人に一定の行為を請求することのできる権利である債権，④何らかの社団の構成員としての地位を意味する社員権（例としては株主としての権利など），⑤鉱業権や漁業権などの特別法上の権利などである。本章では財産法の一般法として，民法に規定されている①の物に対する権利である物権と，③の人に対する権利である債権について見ていくことにする。

　では，物権と債権についての詳しい説明に入る前に，イントロとしていくつかの点に触れておこう。まず私法上の権利である私権についてである。民法３条１項には「私権の享有は，出生に始まる。」と規定されている。私権は財産権よりも広い概念で，イメージとしては私権という大きな袋の中に，

人格権や身分権と共に財産権が入っていると思ってもらえればよい。私権の担い手（帰属主体）として民法が認めているのは自然人と法人であり，権利や義務の帰属主体となることができる地位のことを権利能力（または法人格）という。民法3条1項にあるとおり，人は生まれると同時に権利を取得し義務を負うことのできる地位（権利能力）を平等に与えられるのであり，それは民法の基本原則のひとつでもある（権利能力平等の原則）。また権利能力とは別に，単独で有効に法律行為を行うことができる地位である行為能力というものがある。全ての人は権利能力を有しているが，現実問題として，他人と契約を締結し権利を取得し義務を負うというのは，なかなか大変なことであり，誰しもがその責任を万全に担えるかと言えばそうではない。つまり自分の行為がもたらす結果を理解できるだけの判断力がなければ，本人にとって望まぬ結果となりかねないのである。そこで民法では，未成年者（民法5条）や精神上の障害によって事理弁識能力に不足がある状態にある者を対象に，制限行為能力者制度を用意することで，それらの人々の保護を図っている。

2 物 権

　物権とは，その物を直接的に支配し，誰に対してもその権利を主張することができる権利である。物権は，民法その他の法律に定めるもののほか，創設することができない（民法175条）のであり，このことを物権法定主義という。民法上の「物」とは，有体物を指し（民法85条），所有の対象となり得る液体，気体，固体が該当する。つまり電気や熱，光といった姿のない自然力や知的財産権等の権利は，無体物として民法上の物としては扱われない。次に物の区別としては主に不動産と動産の二つに大別される。

　不動産とは土地及びその定着物を意味し（民法86条1項），定着物というのは，線路や地中の岩石など，土地を売買するような場合にも継続的に土地に固定されたまま取引されると考えられるようなものを指す。土地の定着物は原則として土地の一部を構成し同じ土地所有権に含まれるが，例外もある。二つ挙げておくと，一つ目は建物で，これは日本法の特色でもあるが，

土地と建物を別個の不動産として扱っている。ヨーロッパの国々のように，地盤がしっかりしていて何百年も崩れない石造りの建物が基本であるような場合，土地と建物を分けて考えようということにはあまりならなかったであろうが，日本の場合は同じ土地の上に何百年も同じ建物があるというのは稀なことであって，基本的に土地と建物とは分けて考える。二つ目は庭木である。庭木については，決められたやり方で掘り返して根を綺麗に覆ってしまえば移動可能なので，土地とは別個に取引の対象となり得る。そして，土地から切り離された庭木は土地の定着物ではなくなるため，動産として扱われることとなる。

　不動産以外の物は，すべて動産である（民法86条2項）。しかし，船舶，航空機，自動車等は法律上不動産と類似の扱いを受けるとされ，登記や登録をすることで不動産のように抵当権を設定したり，先取特権の対象となる。また，物から生じた利益につき，果物や卵などを天然果実，家賃や利息などを法定果実という。

民法上の物権の種類

　民法上定められている物権は10種類あり，その中で基点となるものは所有権である。所有権を有する所有者は，法令の制限内において，自由にその所有物の使用，収益及び処分をする権利を有する（民法206条）。これはすなわち，交換価値（市場における財産の処分（換価）によって得られる価値）と，利用価値（財産を使用・収益することによって得られる価値）の双方の支配を内容とする権利だということである。わかりやすく言えば，所有権とは自分の物に対する権利なので，使うも処分するも所有者の好きにしてよいということである。

　これに対して，物権には他人の物に対する権利が複数存在し，これらの諸権利は制限物権と呼ばれている。制限物権は二つに大別される。一つ目が利用価値のみの支配を内容とする用益物権である。用益物権には，地上権，永小作権，地役権，入会権が含まれる。二つ目が交換価値のみの支配を内容とする物権であり，担保物権と呼ばれる。例えば，あなたが他人に対してなんらかの債権を有していたとしても，相手方が債務を履行することができなかった場合，何の手段も講じていなければ，最悪の場合，債権を全く回収で

きないという事態に陥ることもあり得る。そういったリスクの低減・回避に役立つのが担保物権である。つまり，万が一の場合の担保として，他人の物の上に担保物権という権利を成立させ，債権者側が安心のためにそれをおさえておくというものである。担保物権には，法律上の要件を満たすことで成立する法定担保物権として留置権と先取特権が，また契約により成立する約定担保物権として質権と抵当権が存在する。

　また，事実として人が物を支配している場合に，その状態を法的に保護する目的で与えられる占有権という特殊な物権がある（民法180条以下）。占有権は所有権と違い，支配している物が自分の物でなければ認められないという権利ではなく，極端な例を挙げれば，他人の家から盗み出した宝石を持っている窃盗犯にも認められる。なぜこのような権利を法的に保護する必要があるかというと，それは法治国家の原則として自力救済が禁じられていることと関係している。先ほどの宝石の例で言えば，我々は国家機関（裁判所）を通じて相手に宝石を返すよう求めることはできても，自らが持つ暴力的な力を以って，相手が持っている状態にある宝石を，たとえそれが自分の物であったとしても奪い返してはならないのである。占有状態を法的に保護することの主な目的は社会秩序の維持にある。

物権の効力

　物権は，物に対する絶対的かつ排他的な支配を内容とする権利であるから，その支配が第三者によって侵害されるか，されそうになっている場合，権利者はその侵害の除去や支配状態の回復・保全を侵害者に対して請求することができる。これを物権的請求権という。物権的請求権は，侵害の内容によって3つのタイプに分けられる。第一のタイプは物権的返還請求権であり，物権を有する人が持っているべき物を，第三者が占有してしまっているような場合に，その物の占有の回復（物の引渡し）を請求できる権利である。簡単に言えば，盗られた物を返せと言える権利である。第二のタイプは物権的妨害排除請求権である。物に対する権限の行使である使用・収益・処分が，第三者によって妨害されているときに，その妨害をやめるよう請求できる権利である。例えば，私有地である自宅玄関前の土地に，隣家の住人が乗らなくなった古いバイクを長年置いたままにしており，家の出入りに酷く

邪魔であるような場合に，そのバイクの所有者に対して，妨害物であるバイクの排除を求めることができる。第三のタイプは物権的妨害予防請求権である。物に対する権限の行使である使用・収益・処分が，第三者によって妨害される具体的危険が存在する場合に，その第三者に対して妨害の予防措置をとるよう求めることができる。例えば，自分の家と隣家の境界近くに隣家の老朽化した廃屋があり，台風でも到来したならばかなりの確率で倒壊しかねず，我が家にも損害が生じそうである場合に，隣家の住人に対して廃屋の除去や倒壊防止措置などを請求できる。

　物権的請求権が認められるためには，物の支配が侵害されたか，またはその具体的危険があれば足り，相手方の故意・過失は必要とされない。つまり，客観的に見てその侵害の状態が違法であれば，当然に認められるものである。どのような行為を相手に対して請求できるのかについては，二つの説がある。第一の説は行為請求権説といい，物の返還や妨害の除去・予防などの行為を侵害者の費用負担で行うよう請求できるという説である。第二の説は忍容請求権説といい，物権の侵害を受けた側が自らの費用負担で侵害状態または危険状態の除去を行うことについて，侵害者が受忍することを請求できるという説である。判例は，原則として第一の行為請求権説を採用しているが，ただし，物権侵害が不可抗力による場合と被害者自らが侵害を認容すべき義務を負う場合については扱いが異なることも示唆されている（大判昭12・11・19民集16・1881）。

3　債　権

　財産権のひとつである債権は，相手方に一定の行為を請求することができる権利である。債権関係は特定の人や法人の間の特別な結合関係であるから，なんらかの発生原因があってはじめて成立する。民法では債権関係の発生原因として次の4つを挙げている。第一の発生原因は契約である。例えば，土地の売買契約であれば代金債権（相手から見れば代金債務）が発生する。第二の発生原因は事務管理である。事務管理とは何の法的義務もないにも関わらず，他人のためにその人の事務を管理する場合をいう（民法697

条)。留守にしている隣家の火事の消火や，駅で体調不良を起こした人の病院への搬送など様々である。管理者は事務管理の相手方に対して，委任における受任者とほぼ同一の債務を負う（民法701条）。また，かかった費用について，管理者は相手に償還請求が可能である。第三の発生原因は不当利得である。不当利得とは，法律上の原因なく他人の財産又は労務によって利益を受けることであり，返還の義務が生じる（民法703条）。例えば，大雨による洪水で近隣の錦鯉の養殖施設から魚が泳ぎ出てしまい，水が引いた後に自分の家の池にそれが数匹いたような場合である。その錦鯉は買ったものではないので（売買という法律上の原因がない）不当利得として施設側への返還義務が生じる。第四の発生原因は不法行為である（民法709条）。

債権の種類

　債権は，その給付内容の違いによっていくつかの種類に分けることができる。それぞれ見ていこう。まず，自宅を建てようと思って買った土地や，個展を見て気に入って購入した絵画など，同じものはこの世に二つとない物のことを特定物と呼び，その引渡しを目的とする債権のことを特定物債権という。次に，不特定物債権とも呼ばれる種類債権であるが，これは一定の種類に属する物について数量のみを指定した上で，その引渡しを目的とする債権である。特定物債権とは異なり，共通の性質を有する同一種類に属する物の中では，一個一個の個性は問題とされない。大量生産される商品に関する取引をイメージしてもらえればよい。酒屋が「このビールを6ダース」という発注をメーカー側にするような場合である。一本一本のビールに個性はなく，同じ種類のビールが発注した数量で納入されればそれでよいのである。そして，債権と聞いた際，おそらく真っ先に想起されるものが金銭債権であろう。金銭債権は，代金債権や貸金債権のように，一定額の金銭の支払いを目的とする債権である。金銭債権は種類債権の一種と捉えてもらって問題ないが，概念上は無限に調達可能だとされている点や，基本的には金額のみが重要で目的物の個性が全くない点を鑑みれば，種類債権の究極形態であるとも言えよう。次に取り上げるのは利息債権である。金銭の貸し借りにおいて，貸した側が貸した金銭そのものである元本を返してもらうことを目的とした債権のことを元本債権といい，元本の額と借入期間に応じ，一定の利率

で金銭その他の代替物を利息として支払わせることを目的とした債権のことを利息債権という。金融機関から融資を受けたり，消費者金融から借りたりするといった，いわゆる金銭消費貸借契約のような契約から生じる利息の利率のことを約定利率といい，特別法によって上限利率が設定されている。具体的には，利息制限法1条において，10万円未満の元本額について年率20％，10万円以上100万円未満の元本額について年率18％，100万円以上の元本額について年率15％が上限利率として定められている。また，この上限利率を超える利率に基づいて利息を支払った場合，その超過部分については無効とされ，過払い金として取り戻せる可能性がある。なお，利率が契約によって特段に定められていない場合には年3％の法定利率が適用され（民法404条2項），3年を1期として変動する（民法404条3項以下）。最後に取り上げるのは，複数の選択肢の中から特定のどれかを選んで給付を受けることを内容とする債権である。これを選択債権といい，TV番組のプレゼントコーナーで「A賞の当選者の方は，熱海温泉への3泊4日のご旅行か10万円分の旅行券のいずれかをお選びください。B賞の当選者の方は，ルビーの指輪かオパールのネックレスのいずれかを！」というような具合である。

債権の効力

　債権の基本的な効力について順を追って見てみよう。債権関係が成立すれば，まず当然のこととして債権者は債務者に対して一定の行為を請求することができる（請求力）。次に一定の行為によって利益を受けたのであれば，それを保持することもできる（給付保持力）。また，もしも債務者が任意に債務を履行してくれないのであれば，債権者は裁判所に訴訟を提起し，救済を求めることができる（訴求力）。そして，債務を履行せよとの裁判所の判決を得たにも関わらず，それでも債務者がなにもしない場合には，債権者は債務者に対して強制執行をかけることができる（強制力）。

　債務不履行の類別については，履行期を過ぎても債務が履行されない履行遅滞と，一応履行はされたけれどもそれが不完全であるという不完全履行（1ダースのビールを購入したら内3本の炭酸が抜けているような場合），そして物理的に履行不能な場合である履行不能（特定の目的物が引渡し前に焼失したような場合）の3つに分けられる。このような債務不履行に直面した

債権者の救済手段としては，①債務者に債務を貫徹させる強制履行（民法414条），②債務不履行によって生じた損害を救済するための損害賠償（民法415条），③債務者によって破られた契約から債権者を解放するための契約の解除（民法540条以下）が用意されている。①については債務者の責めに帰すべき事由である帰責事由を必要としないが，②と③については債務者に一定の責任を負わせる以上，過失責任の原則に基づき，債務者の帰責事由が要件となる。なお，債務不履行に由来する損害が生じているのであれば，損害賠償を他の救済手段と併せて請求することが認められている。

コラム　お支払いはビットコインで

　フィンテック（FinTech）という言葉を知っているだろうか。ファイナンスとテクノロジーを掛け合わせた造語で，ICT 技術によって作り出された新しい金融サービスのことである。身近なものをいくつか挙げるとすれば，LINE COIN やモバイル Suica，PayPal，Apple Pay などが，フィンテックの典型例であろう。さて，近年，未来のお金として世界中で注目を集めているビットコインだが，これもまたフィンテックによって生み出された新しい支払い手段で，仮想通貨と呼ばれている。仮想通貨の面白いところは，政府や中央銀行といった通貨の発行主体がいないという点である。取引の安全性と正当性については，取引の参加者が数学的処理によって承認を行うことで確保されている。そして，その承認作業の報酬として，新規発行されるビットコインや送金手数料が与えられるという仕組みである。ビットコインを支払い手段として選択するメリットとしては，手数料が安いということや，送金スピードが速いといったことが挙げられるが，最も注目すべきは，国際的な資本移動制限の回避を可能とした点であろう。記憶に新しいギリシャの金融危機の際には，預金の引出し制限がかかる一方で，ビットコインの両替でその制限を回避する人も多くいた。このように，ビットコインをはじめとして，いまや世界に一千種類以上もある仮想通貨の可能性に，多くの注目が集まっている。しかし，価格変動を伴う仮想通貨は投資的な性格が強く，そこに目をつけた詐欺事件も急増しているので，相当の注意が必要である。

CHAPTER 6

契約と法

　独身の若手サラリーマンＡさんの，ある１日の行動を追いかけてみた。午前６時に起きて，洗面所で顔を洗い，ガスでお湯を沸かしてコーヒーを淹れ，トースターでパンを焼いて，テレビをつけて NHK のニュースを見る。出勤時間の午前７時30分に家を出て，満員電車に乗り込み，タブレットで新聞のデジタル版を読み，スマホに着信したメールに気が付き返信をする。会社について本日の業務に取り掛かり，あっという間に昼休みとなって社員食堂で500円の日替わり定食を食べる。午後は，上司と一緒にタクシーで取引先を訪ね，残業することなく定時で退社した。毎週木曜日の午後６時からは，スキルアップのために自宅近くの英会話教室に通い，午後９時ごろに月額75,000円のワンルームマンションに帰宅した。この日，Ａさんはいくつの契約に関わったであろうか。

1 契約の意義

　私たちは，日常生活において非常に多くの契約を締結している。Aさんの1日は，何の変哲もない，ごくありふれた日常生活にすぎないが，順を追ってその行動を法的な視点から列挙してみると，「水道局との水道契約」，「ガス会社とのガス契約」，「電気会社との電気契約」，「NHKとの受信契約」，「鉄道会社との運送契約」，「新聞販売店との新聞購読契約」，「電話会社との通信契約」，「会社との雇用契約」，「食堂との売買契約」，「タクシー会社との運送契約」，「英会話教室との受講契約」，「家主との賃貸借契約」と，なんと12件もの契約によって成り立っている。これらが契約であること，つまり法律行為であるということを，おそらくAさん本人は全く意識していないであろう。

　これらの契約を詳しくみてみると，さまざまなタイプの契約があることに気が付く。電気契約や賃貸借契約などは比較的長期間にわたる継続的な契約であるが，売買契約などは1回限りで契約が完了する。また，雇用契約などでは署名・押印のある，しっかりとした書面が交わされるだろうが，鉄道やタクシーに乗る運送契約でそのような書面を作成していたら乗り遅れてしまうであろう。このように，契約の種類は多種多様で，期間や内容も様々である。

　他方で，いずれの契約であっても，単独で締結されることはなく，ある人が「申込み」という意思を示し，相手方がこれを「承諾」する意思を示す，すなわち，複数の意思表示が合致することによって成立する。そして，その意思表示は，「債権」と「債務」という関係によって契約の内容を具体化する。たとえば，Aさんが社員食堂で日替わり定食を注文して食べるという行為は，日替わり定食を食べさせて欲しいというAさんの意思表示（申込み）と，日替わり定食を食べさせてあげようという食堂の意思表示（承諾）が合致し，さらにAさんは定食の代金500円を支払う債務を負い，食堂は代金500円を受領する債権を有している。もっとも，債権と債務の関係は，Aさんは定食を提供してもらう債権を有し，食堂は定食を提供する債務を負っていると説明することもできる。

2　契約の自由

　契約は，現代の社会秩序の中でどのような意義を有しているのであろうか。雇用契約を例にして考えてみたい。Ａさんは，会社員として仕事をしているが，誰かに強制されてこの会社で働いているわけではないし，労働を提供することの対価として然るべき金銭的報酬を会社から得ているはずである。このことは，労働者としてのＡさんと，雇用者である会社との関係が対等であることを大前提としている。もし，報酬が著しく安くなれば，Ａさんは会社に対してその不当性を主張し，賃上げを要求することができる。あるいは，Ａさんの勤務状況に問題があれば，会社はＡさんに報酬の減額等を主張することができる。お互いの主張や要求が実現できそうもないときは，雇用契約の解除を申し出ることもできる。現代においては極めて当たり前のことかもしれないが，近代以前の社会においては，人々の関係は，領主と農民，親方と徒弟，家長と家族というような，身分的な支配や従属関係によって規律されていた。これは，一方が強く，他方が弱いものであることが通常で，対等な関係ではなく，この関係から離れることも，強者からの理不尽な主張や要求に抗うこともできなかった。

　このような封建的な身分関係によって規律される社会に終止符を打ったのが，1789年のフランス革命である。フランス革命は，ルソーやヴォルテールなどの啓蒙思想家が唱えた「社会契約説」の影響を受けた市民革命として説明されるが，その理念を具体化するために民法典の制定作業が行われ，1804年にナポレオンによって完成された。フランス民法典は，「法の前の平等」や「国家の世俗性」などとともに，「経済活動の自由」を掲げた画期的なものであった。経済活動の自由は，契約の自由によって実現され，人々は自由に契約を締結し，裁判所も契約を尊重し，自由な競争によって能力のある人が自由に財産を取得でき，契約を締結した者の間で生じた紛争はその契約によって処理するという原則が確立した。契約自由の原則は，所有権絶対の原則，過失責任の原則とともに近代法の大原則とされている。フランス革命前後のヨーロッパやアメリカは，政治的変革だけでなく，産業革命という経済的変革も経験し，高度に発達した貨幣経済を伴う資本主義社会の確立は広範

囲な市場に，多種多様な商品が流通するようになった。そこでは，とくに売買契約の果たす役割が大きくなり，物を自分で所有せずに他人の物を使用して収益をあげる賃貸借契約が広く行われ，身分関係に基づく強制ではなく，自由意思に基づいて労働を提供する雇用契約が整備されていった。

3　契約の制限

　資本主義社会が成熟してくると，富の偏りが発生し，それに基づく新しい社会階級も登場し，対等なはずの契約関係に歪みが生じるようになった。また，社会の自由度が増し，面識のない者同士の契約も頻繁に行われるようになってくると，法外な儲けを得ようとし，あるいは有利な立場を利用して相手方に理不尽な損害を与えるような者もあらわれるようになった。そこで，契約の自由をいかに制限するか，ということが必要になってきた。

　たとえば，いくら契約自由だからといって，麻薬や覚せい剤のような品物を取引の目的とする売買契約を認めるわけにはいかないし，人間を殺傷することを内容とする請負契約などはあってはならない。そこで，民法90条は「公の秩序又は善良なる風俗に反する事項を目的とする法律行為は，無効とする」と規定して，一定の制御をしている。公の秩序とは，国家・社会の一般的利益を，善良の風俗とは，社会の一般的倫理をそれぞれ意味するが，両者は一体的に扱われるべきで，厳密に区別する必要はない。公序良俗に該当する行為は，「財産的秩序に反する行為」，「倫理的秩序に反する行為」，「自由・人権を害する行為」の3つに類型化されて考えられている。なお，法律行為の動機が公序良俗に反する場合，そのような動機が相手に示され場合には，行為も不法性を帯び，公序良俗に反すると考えられる。たとえば，賭けマージャンの借金返済の目的で友人から金銭を借り入れた場合，当該友人が借金の返済を請求することは認められない（大判昭和13年3月30日民集17巻578頁）。他方で，そのような動機が示されない場合には，法律行為は無効にはならないと考えられている。

　また，契約が対等な立場において締結されるといっても，社会情勢や経済事情によって当事者間の力関係に強弱が生まれ，それが契約内容に影響を及

ぼすこともあり得る。たとえば，賃貸借契約において，家主が次年度以降は更新しないという申入れをしてきた場合について考えてみよう。民法604条2項は「賃貸借の存続期間は，更新することができる」と規定している。この条文に書かれている「できる」という文言は，「してもよいし，しなくてもよい」という意味であるので，家主が「更新しない」ことに問題はない。しかし，次に居住するところがすぐに見つかるならばまだしも，住宅不足や人口が集中しているような地域であったり，あるいは，更新拒絶の申入れが突然だったりすると，借主に直ちに引越しをするだけの資力がなかったりして，借主側において大変困惑することになろう。それでも，なお，契約自由の原則を前面に出して，更新拒絶をこのまま認めることには疑問が生じよう。そこで，このような問題に対しては立法上の手当てがなされている。借地借家法は，更新拒絶の申入れは期間満了の1年前から6か月前までにすべきこと，更新拒絶には賃貸人に「正当事由」があることを要求している。正当事由の認定基準について判例は，「賃貸人および賃借人双方の利害得失の比較考察のほか，公益上，社会上その他各般の事情も斟酌しなければならない」（大判昭和19年9月18日法律新報717号14頁）と判示しており，その後の判例では，生計事情，居住状況，双方の誠意度，家族の状況，移転先の提供，立退き料の提供，賃料不払いなどの不信行為の有無，建替えの必要性などを考慮すべきこととしている。借地借家法のこれらの規定は，賃借人の利益を考慮したものであるが，もしこれらと異なるような約定は無効とするという規定（借地借家法30条）がある。このような規定を強行規定と称し，契約自由の原則を制限するものとして機能しているといえよう。

4　契約の種類

契約は，さまざまな観点から分類することができる。そこで，いくつかの観点から契約を分類して，それぞれどのような特徴があるのかについて概観してみる。

典型契約・非典型契約

民法は，贈与契約，売買契約，賃貸借契約などの13種類の契約を定めてい

る。このように，民法が規定している契約を典型契約という。これらの契約の多くは，古代ローマ法においても規定されており，今日でも社会において広く認識され，利用されている。しかし，契約は自由に締結できる以上，その内容も多種多様であるはずで，さらに時代の変化や社会の発展に伴って，民法が規定していない各種契約も存在し，これを非典型契約という。冒頭の事例における「NHKとの受信契約」や「英会話教室との受講契約」などは，民法に規定されていない。民法に契約の名称が存在するか否かという点において，典型契約を有名契約，非典型契約を無名契約ということもある。また，2種類以上の契約の性質を兼ねている契約を混合契約という。たとえば，住宅をめぐる契約について，自分で材料を用意してそれで工務店に建築してもらうと請負契約であるが，完成した住宅を購入すると売買契約である。このとき，工務店に材料の購入からすべて任せて住宅を建築してもらうと，その契約は請負契約と売買契約の双方の性質を持つことになる。

双務契約・片務契約

　売買契約や賃貸借契約のように，当事者双方が債務を負担するのを双務契約という。たとえば，売買契約では，売主は目的物を引き渡し，買主は代金を支払うという債務をそれぞれ負う。また，売主は代金を受け取り，買主は目的物を引き渡してもらうという債権をそれぞれ有する。他方で，贈与や使用貸借のように，一方の当事者のみが債務を負担するのを片務契約という。たとえば，贈与契約では，目的物を贈与する者のみが引渡義務を負い，受領者は単に受領する意思表示をすればよい。今日のように貨幣経済が発達した社会では，契約において金銭的対価の支払いを伴うことが通常であり，多くの契約が双務契約となっている。

有償契約・無償契約

　当事者双方が互いに対価的意義を有する給付をなすか否かにより，両当事者が対価的意義を有する契約を有償契約，一方の当事者のみが対価的意義を有する契約を無償契約という。双務契約は有償契約，片務契約は無償契約であることが多い。たとえば，双務契約の典型例である売買契約は，目的物の引渡と代金の支払いが契約の内容となっており，対価的意義を有するので有償契約であるが，贈与契約や使用貸借契約は対価的意義を伴わないので無償

契約である。ただし，利息付の消費貸借契約のように，借主の返還義務だけが生じる片務契約でありながら，元本貸与と利息支払という対価的意義を有する有償契約である場合も存在する。

要物契約・諾成契約

契約の成立に物の引渡しを必要とするものを要物契約といい，消費貸借，使用貸借，寄託の各契約が該当する。これら3種類以外の典型契約は，物の引渡しを必要とせず，合意だけで成立することから諾成契約とされる。たとえば，売買契約は，目的物を売ろうという売主の意思表示と，買主の買おうという意思表示が合致することで契約の効力が生じることから，諾成契約とされる。他方で，消費貸借契約は，借主が目的物を受領することによってその効力が生じるので，要物契約とされている。両者は，いずれも物を介在しているが，諾成契約は意思表示の合致を契約の効力発生要件とし，要物契約は物の授受を要件としている点で差異がある。なお，民法は，諾成契約を原則としている。

5 契約の終了

自由意思に基づいて有効に成立した契約は，原則として自由意思に基づいて終了するが，契約の性質によってその終了形態も異なる。多くの売買契約や贈与契約のように，1回限りの履行のみを目的とする単発型契約は，弁済などによる履行が完了すれば終了する。他方で，賃貸借契約や雇用契約のように，契約に存続期間があり，その間に履行が継続的になされる継続型契約は，告知または解約によって契約が終了する。告知は，契約の継続を不適当とする相当な事由があり，催告なしに契約を解消することができ，その効果は遡及しないという特徴を有する。なお，契約期間の定めの有無によっても契約終了の形態が異なる。まず，期間の定めがある場合は，期間満了によって契約は終了するが，更新によってさらに契約を存続させることも可能である。また，更新が常態となっている場合には，更新拒絶によって契約は終了する。つぎに，期間の定めがない場合は，当事者の一方の意思表示によって契約を終了させることが法定されており，これを解約の申入れという。解約

の申入れの場合は，契約の継続を不適当とする相当な事由を必要としないが，一定の猶予期間を置くことを必要としている。

　単発型契約および継続型契約に共通する契約の終了形態として，当事者の一方的な意思表示（単独行為）による解除と，契約の解消を当事者が合意する合意解除とがある。解除をなす権利を解除権といい，当事者が合意で契約中に定めておく約定解除権と，法律によって解除権が与えられる法定解除権とがある。なお，一定の事実が発生したら，契約が消滅する旨の約定を失権約款という。他の制度と異なり意思表示を必要としないが，特に債務者側にとって厳しい制度であることから，その効力は解釈上制限されることが多い。

　このように，契約を終了させるためには解除が重要になってくる。民法では，「履行遅滞」，「履行不能」，「不完全履行」の３種類の債務不履行，すなわち契約が終了する可能性のある場合が予定されている。履行遅滞の場合，相当な期間を定めて履行を催告し，その期間内に相手方がなお履行しないときに，契約解除が可能となる。相当な期間については，事案や債務の内容ごとに決められる。かりに，不当といえるほどに著しく短い期間であっても，その期間を経過すれば契約は解除できる。履行不能の場合には，解除に催告を要さず，一部の履行不能の場合にも解除ができる。しかし，履行不能な一部分が軽微な場合には解除を許さず，結果として契約の目的が達成できない場合に限って解除を認めるべきであると考えられている。不完全履行は，履行されなかった契約内容を追完できるか否かで効果が異なってくる。追完を許す場合には，履行遅滞に準じ，相当の期間を定めて催告し，それでも相手方が追完をしないときに解除ができる。追完を許さない場合には，履行不能に準じ，契約目的を達しないときに，催告を要せずに解除ができる。

　なお，契約が終了しても，当事者の権利義務関係が当然に終了するわけではない。たとえば，ある弁護士に訴訟の遂行を依頼する委任契約を途中で解除して，他の弁護士との間で新たに委任契約を締結した場合に，前の弁護士から新たな弁護士へと委任事務を引き継いでもらう必要があろう。また，賃貸借契約が終了した場合に，賃借人が支出した有益費は償還すべきであり，雇用契約終了後に前の雇用者と競争的な性質を持つ行為をしないような義務

が課せられることもある。さらに，製品メーカーは，当該製品の製造停止後も，一定期間交換部品等の供給を行うことがある。このように，契約終了後も維持される当事者の関係を余後効といい，契約は信頼関係の下で成立すべきものであり，当事者は契約終了後も一定の信頼関係を保つべきことが求められている。

コラム 緑地保全契約

　市街地およびその周辺地域の緑地は，秩序ある市街地の形成や，良好な都市景観の維持に大きな役割を果たしている。しかし，緑地にも土地所有権があり，その緑地をどのように利用するのかは所有者の自由である。そこで，緑地を保全するために，土地所有者の協力を得て，自治体が緑地保全契約を締結する動きが広がっている。

　たとえば，神奈川県鎌倉市には，市街化区域のおおむね1,000平方メートル以上の緑地について，その所有者との間で緑地保全契約を締結する制度がある。契約期間は原則10年間で，所有者の請求により，所有者には当該年度の固定資産税，都市計画税ならびに特別土地保有税相当額に，1平方メートル当たり13円を加算した奨励金が支払われる。平成27年度末で，127件，562,311.28平方メートルの土地が緑地保全契約の対象地となっている。

　また，東京都世田谷区では，「一般財団法人世田谷トラストまちづくり」という民間団体が，民有地の緑地を保全するために，土地所有者と契約を締結して緑地の維持管理を行い，地域に憩いの場を提供する市民緑地制度が実施されている。契約を締結した土地所有者は，固定資産税や相続税について優遇措置を受けることができる。このように，最近では，契約的手法によって環境保全を実現しようとする動きが盛んになってきている。また，このような契約が，果たして私法上の契約なのか，それとも公法上の契約なのかという問題もあり興味深い。

CHAPTER

7

損 害 賠 償

地方に住む80歳の妻 A さんは，病気で自分の体も十分に動けないにもかかわらず，85歳の夫 B さんが認知症で介護に追われている。子どもは都会で暮らしているため，なかなか会いに来ることができない。ある日，ふと目をそらした隙に，夫 B さんが徘徊で外出し，いなくなってしまった。気が付いた A さんは近所の人にも声をかけて探したが，見つからなかった。夫 B さんは，数キロ先の駅のホームに進入し，線路へと迷い込み，そこに走ってきた C 鉄道会社の特急電車と衝突をして死亡した。C 鉄道会社は電車の遅延により500万円の損害を負ったとして，妻 A さんに賠償を求めた。さて，この請求は認められるのだろうか。

1 　損害賠償と過失責任主義

　多くの人々が暮らすこの社会では，他者と共存していく必要がある。個々人は人権主体として，自由な行動が許されている一方，互いを思いやったり尊重しあったりすることで，平穏が保たれている。しかし，様々な事情で他者の権利を侵害することも起こりうる。その場合，何かしらの責任を取る必要が出てくる。多くの場合，その責任の取り方は，金銭による損害賠償である（金銭賠償の原則）。もっとも，その事情について考慮せず，いかなる場合においても，他者の権利を侵害した以上，責任をとることになると，本来許されているはずの自由な行動を制約することにもなってしまう。

　そこで，民法は，過失責任主義の原則を採用し，加害者に故意・過失がないときは，加害者はその損害についての責任を負わないという考え方を原則にしている。逆の意味でいえば，自分の責任で他人に被害を与えたときは自分で責任を取らなくてはいけないということにもなる。この考え方によって，予測不可能な賠償を負うリスクを考える必要がなくなり，安心して自由な行動をとることができるようになる。

　一般原則は，多くの場合に当てはまるとしても，それに対する例外が必ずある。過失責任主義の原則も多くの場合に妥当するが，それでは一般常識と合致しない場合も生じる。例えば，自動車による事故の場合，被害者は「加害者の自動車によって被害にあった」と主張した場合，加害者は「自分は過失がなかった」と反論するかもしれない。その場合，被害者は加害者の過失を立証しなくてはならなくなる。しかし，加害者がどのような運転をして事故を起こしたのか知る術はない。裁判では，原告（被害者）が自らの主張を裏付ける証拠がない場合，裁判官は原告の主張を認める根拠がないと考えることが多く，敗訴してしまうことになる。

　そこで，過失責任主義の例外として，無過失責任主義という考え方が一部導入されている。

　無過失責任主義とは，過失を要件とせずに加害者に対して賠償責任を課す考え方であり，使用者責任（715条）・工作物責任（717条）等，民法に条文化されているほか，特別法にも数多く規定されている。この考え方の背景に

は，自ら危険を作り出しその危険をコントロールできる者がその危険によって発生した結果に対する責任を負うという危険責任の考え方がある。例えば，自動車による人身事故の場合，衝突したら人に危害が出ることは明確である自動車を自ら運転している以上，責任を負うことになる。また，利益を上げる過程で発生した被害にはその利益の中から賠償をするという報償責任の考え方もある。例えば，企業による大気汚染被害の場合，工場からの排出物質により大気汚染になることを企業自体が知らなかったとしても，その被害の上で企業は利益を得ていることから，企業に賠償を支払わせるということになる（利益の存するところに損失も帰するべき）。

　こうした考え方を応用して，被害者が「加害者に過失がある」ことを証明するのではなく，加害者が「自分自身（加害者自身）に過失がない」ことを証明するように変更し，被害者の立証を軽減する効果を生じさせる証明責任の転換がはかられている。

　損害賠償が認められるためには，民法上の債務不履行（415条）か不法行為（709条）の要件を満たすことが必要である。一般的に，債務不履行は主に契約の問題であり，以前より関係のあった当事者間の問題であるのに対し，不法行為は事件や事故を通じて関係を持つに至った者同士の問題である。契約の場合，交渉の中で取引条件を予め想定することで損害を回避したり，たとえ債務不履行になったとしてもその責任の範囲を限定することができる。しかし，不法行為は，予めの対処が出来るものではなく，どのようにして発生したかも不明確な場合が多い。

2　債務不履行による損害賠償

　民法415条1項には，「債務者がその債務の本旨に従った履行をしないとき又は債務の履行が不能であるときは，債権者は，これによって生じた損害の賠償を請求することができる」と明記されている。債務者が任意に債務を履行をせず，まだ履行が可能であるならば，現実的履行を強制することができるが，現実的な履行の強制になじまなかったり，既に履行ができなくなってしまっている場合もありえる。また，その後に履行したとしても，債権者に

既に損害が生じている場合もある。こうした場合の救済手段として，債権者による債務者への損害賠償を認めているわけである。

損害賠償が認められる積極的要件は，「債務の本旨に従った履行をしないこと」である。これを債務不履行といい，3つの種類に分けられる。1つは，履行することができなくなった場合である履行不能，2つは，履行期に履行が行われない場合である履行遅滞，3つは，履行期に目的物の引渡しがなされたが，約束された品質を備えていなかった場合である不完全履行である。

一方，損害賠償が認められるための消極的要件は，「責めに帰すべき事由」である（帰責事由）。この帰責事由とは，債務者の故意・過失または信義則上これと同視すべき事由であるとされている。例えば，債務者である引っ越し業者が家具を運ぶ際にアルバイトが傷をつけた場合，実際に傷をつけたのは引っ越し業者自身でないとしても，債務者が債務の履行のために使用する者（履行補助者）であるため，債務者も同様の責任を負うことになる。

もっとも，本来は，債務不履行があった場合に，損害の内容を金銭評価して確定し，裁判による煩雑な手続を踏み多大な時間をかけた上で，賠償責任の有無や具体的な賠償額を決めることになる。

そこで，こうした面倒を避けるため，債権者・債務者の間で債務不履行が生じた時に備えて，損害賠償額をあらかじめ定めておくことがある（損害賠償の予定）。また，債務不履行は契約上の問題であるため，損害賠償する場合の督促を契約に加えておき，不測の事態に備えることもある。なお，損害賠償額の予定について，消費者契約法9条，利息制限法4条，労働基準法16条等，法律の規定で制限をしている場合もある。これらは，消費者と事業者，労働者と使用者といったように，情報力や交渉力の観点から事業者や使用者が圧倒的に有利であり，その格差を利用して，不当に有利な契約を結ぶ可能性があり，消費者や労働者を守るためのものである。このように，契約における損害賠償は，当事者が対等な立場にある場合とそうでない場合があり，そうでない場合には，個別の立法で弱者を守っている。

第 7 章　損害賠償　*71*

3　不法行為の意義

　民法709条は，「故意又は過失によって他人の権利又は法律上保護される利益を侵害した者は，これによって生じた損害を賠償する責任を負う」とある。この条文は実際の裁判で，全民法の中で最も多く用いられている重要な条文である。契約の分野は，多くの条文があるのに対し，不法行為の条文は少ないため，条文だけでは解釈が分かれる争点も多く，不法行為は，たくさんの判例の集積によって発展している分野である。

　不法行為による損害賠償には，3つの機能があるといわれている。1つ目は，損害回復機能であり，不法な行為によって侵害された被害者の損害を填補（てんぽ）する機能である。2つ目は，制裁機能であり，不法な行為を行ったことに対する制裁の機能である。3つ目は，防止機能であり，事後的な賠償責任があることから不法な行為を安易に行うことへの抑制をする機能である。日本の民法は，基本的に1つ目の損害回復機能を重視しているが，アメリカでは制裁機能・防止機能を重視しており，裁判所では，実際に被害者の負った賠償に加えて，莫大な懲罰的損害賠償（制裁的慰謝料）を被害者に認めている。不法行為のどの機能を重視するかは，国の文化の価値観や立法政策によって異なっている。

4　不法行為の要件と効果

　法律の条文は，法律要件と法律効果という形で書かれている。先に挙げた民法709条の法律要件は，「故意又は過失によって他人の権利又は法律上保護される利益を侵害した者は」という部分であり，法律効果は，「これによって生じた損害を賠償する責任を負う」という部分である。

不法行為の要件

　法律要件の1つ目は，「故意又は過失」という部分である。故意や過失とは人の心理状況を表すが，主観的な問題であり本人しかわからないため，どうすれば，「故意又は過失」を認定できるのかという問題に直面する。特に過失について，その理解は分かれる。そこで，一般的には，社会において期

待されている外的な注意義務に違反して行動することで過失があると認定することができる。この注意義務とは、損害の発生を回避するためにとるべき行動を加害者がとっていなかったということであり、結果を回避すべき義務があるといえるためには、少なくとも行為当時に行為者が結果発生を予見できたことが必要とされる。このような、予見可能性を前提とした結果回避義務違反をしたことで注意義務違反があり、それによって過失を認めるという構造になっている。

　次に、法律要件の2つ目は、「他人の権利又は法律上保護される利益を侵害」という権利侵害の部分であり、これは違法性の有無で判断される。違法性は、侵害される利益の種類と侵害行為の態様との相関関係で決められる（相関関係説）。一方で、違法性の判断を、単なる相関関係で決めるのではなく、様々な事情を衡量して決める考え方を受忍限度論と呼び、騒音や振動などの公害問題について、一般人が社会通念上、我慢できる被害の程度の場合、違法性があっても不法行為は成立しないという考え方もある。

　そして、法律要件の3つ目は、「損害」が発生しているということである。民法上の損害とは、その不法行為がなかったら存在したであろう利益状態と、その不法行為の結果、現実にもたらされて存在している利益状態との差であると考えられている（差額説）。

　損害の種類は、「不法行為がなければ、出費しなくてもよかったであろう費用」である積極的損害と「不法行為がなければ、働いて得ることができたであろう利益を働くことができずに得ることができなかった費用」である消極的損害に分かれる。交通事故の場合、積極的損害の例は、治療費や身体障害になった場合の介護費用など実費であり、消極的損害の例は、本来得られるべきであるにもかかわらず得られなくなった利益である逸失利益である。また、こうした金銭評価がそもそもできない損害のことを、精神的損害という。この精神的損害の例が慰謝料であり、裁判官の自由な心証によって算定されるため、裁判官次第でバラつきがあるが、交通事故等、多くの事件数があるものについては、ある程度の標準化がされている。

　法律要件の4つ目は、ある不法行為に「よって」損害が生じたという因果関係である。因果関係とは、「行為と結果との間のつながり」であり、その

行為が無ければ損害が生じなかったと認められ，そのような行為があれば通常はそのような損害が生じると認められる場合に因果関係があるとしている（相当因果関係説）。この因果関係を立証するということは，「一点の疑義も許されない自然科学的証明ではなく，経験則に照らして全証拠を総合検討し，特定の事実が特定の結果発生を招来した関係を是認しうる高度の蓋然性を証明することであり，その判定は，通常人が疑を差し挟まない程度に真実性の確信を持ちうるものであることを必要とし，かつ，それで足りるものである」としている（最判昭和50年10月24日民集29巻9号1417頁）。

　この因果関係については，加害者の行為が被害者の損害を現実に発生させたという事実における関係（事実的因果関係）の判定が困難な場合が起こりうる。例えば，医師が手術をしたが，その後すぐに患者に病変が起こって死亡した場合，医療ミスによって死亡したのか，体調の変化によって死亡したのかは専門家でさえその判定は難しい。最近では，医師が病気を見落とし，その結果，患者の病気が悪化して死亡した場合，その医師に責任があるかをめぐって争いが多発している。これを不作為の因果関係といい，判例では，きちんとした診察等，実施が法的に義務付けられる行為が行われていたならば当該結果は生じていなかった，少なくともその時点で結果は生じていなかった場合には，不作為と結果との間に因果関係があるとされる（最判平成11年2月25日民集53巻2号235頁）。

不法行為の効果

　不法行為の要件が充足された場合には，損害賠償が認められる。

　しかし，損害賠償が認められる場合において，賠償額は必ずしも原告の請求通りに認められるわけではない。例えば，加害者の過失と被害者の過失の競合より損害が発生したとき，被害者の過失を考慮して，過失相殺が行われて損害賠償額が決まる。これは，加害者の過失を要件として責任が成立するのに，一方で被害者の過失を考慮しないのは，バランスを失するからである。また，被害者が不法行為によって利益を受けたとき，損益相殺によってその分は損害から差し引かれる。

　損害賠償が認められるとしても，加害者が責任を認識するのに足りる知能（責任能力）がないとき，不法行為責任は負わない。責任能力を有するに至

る年齢は，一般的に小学校を卒業した年齢くらいであるとされている。しかし，責任能力がないとして，損害賠償が認められないとなると，被害者の救済が図られない。そこで，未成年者に責任能力がないとした場合，監督義務者である親権者に監督責任を負わせることでその対応をしている（民法714条）。

　責任能力をめぐる事件は，これまでは，子どもや精神障害をもった者が対象であったことから，その責任を親権者等の監督者が負うというケースが一般的であった。しかし，最近，認知症患者が事件を起こし，その家族に対して賠償を求められる事件も散見される。事例のようなケースでは，認知症患者が線路内に侵入することによる事故で，鉄道会社に損害が発生している。この場合，認知症患者の家族が監督義務を負うことになり，賠償責任を負うことになる。

　しかし，少子高齢社会では，認知症患者の配偶者も介護を要していたり，子どもは別の家に住んでいる場合も多い。監督義務者への過大な責任を負わせるべきなのかという問題もある。判例では，「責任無能力者との身分関係や日常生活における接触状況に照らし，第三者に対する加害行為の防止に向けてその者が当該責任無能力者の監督を現に行いその態様が単なる事実上の監督を超えているなどその監督義務を引き受けたとみるべき特段の事情が認められる場合」には責任があるとし，その義務を負うかどうかの判断は「その者自身の生活状況や心身の状況などとともに，精神障害者との親族関係の有無・濃淡，同居の有無その他の日常的な接触の程度，精神障害者の財産管理への関与の状況などその者と精神障害者との関わりの実情，精神障害者の心身の状況や日常生活における問題行動の有無・内容，これらに対応して行われている監護や介護の実態など諸般の事情を総合考慮して」判断している（最判平成28年3月1日民集70巻3号681頁）。その結果，本事例においては，配偶者の責任を認めなかった。

　このように，不法行為による損害賠償は，どちらが「被害者」なのか，どちらが「悪い者」なのか，価値観や見方によって分かれることもあり，要件に当てはめれば賠償責任を負うというマニュアル的な考え方では納得のいかない結果になることもある。それゆえに，各自の価値観に基づき，条文を慎

重に解釈して，正しい判断を考えていかなくてはならない。

5 大規模被害に対する損害賠償と保険

これまでにない新しい被害が発生した場合，救済のための法律は事後的にならざるを得ないために，被害者はこの不法行為に基づく損害賠償による救済を得るしかないのが実情である。特に，公害・環境事件は，大規模な被害が発生し，それに対する救済が遅れがちであることから，裁判による解決を求めることが多い。そして，その判断に基づいて，国会等でよりよい立法を求めるケースがある。これを政策形成訴訟という。

一方，被害が発生した場合に備えて，あらかじめ保険制度を設けることで，被害者への賠償に備えることもある。例えば，原子力損害賠償や環境汚染賠償の保険である。もっとも，この保険制度は，身近なところでも効力を発揮している。例えば，自動車事故は自動車を運転する者は誰もが起こりうることから，自動車を購入する場合，必ず自動車損害賠償責任保険（いわゆる自賠責保険）に加入しなくてはならない。そして，もし事故が起こった場合には，その保険で被害者に賠償をするシステムが取られている。

なお，今日，自動運転の研究が進んでいるが，もし自動運転車が普及した場合，事故に対する賠償も問題になる。その際には，誰もが起こりうるという前提が変わり，人間の過失ではなく自動運転の欠陥が問題になり，保険のシステムも変わりうる。このように，社会の発展に応じて，新たな保険制度も必要となる。

不法行為による損害賠償事件は，身近な問題にも直結し，その判断によって社会に大きな影響を与える。事例のような認知症患者の起こした事故を防ぐためには，家族に責任があるとすると，家族の誰かしらが患者につきっきりで看病をする必要が出てくる。鉄道会社が負担をするとなると，ホームドアを設置したり駅員を増加する等コスト増大から，鉄道運賃が上がるかもしれない。しかし，それは必要なコストかもしれない。損害賠償は，それだけで完結するものではなく，1つの事件を契機に社会全体で考えなくてはいけない問題もあるのである。

東日本大震災と損害賠償

コラム

　大きな事件を契機に多くの被害者を生み，救済を必要とするニーズから法理論や法制度が発達することがある。不法行為の分野ではそれが顕著であり，公害事件がその代表例である。例えば，法規制が不十分な状況下では，汚染物質を排出してはいけないという法律はない。加害企業は法律違反を犯していないので責任を取る必要がないという問題が発生し，それに対して無過失責任論や証明責任軽減論などの法理論が考え出され，様々な公害対策立法も成立した。

　2011年3月11日，東日本大震災が発生した。地震による倒壊の被害だけでなく，津波による被害や東京電力福島第一原子力発電所で発生した事故による放射能汚染による被害等，多くの被害が重層的に発生したことで深刻被害を生んだ。そして，その被害者たちが救済を求めて，震災後に多くの裁判を起こし，問題提起をしている。

　例えば，津波の場合，学校や役所など公共の施設や会社やホテルなど一般の施設で地震が発生した後，誰がどのようにそこにいる人たちを避難させるべきかが裁判で問題になっている。地震後の混乱と極限状況において，どこまで冷静な判断ができるのか，過失の中身の吟味をより細かく見る必要が出てきている。

　また，原発事故の場合，数年も帰還できない地域を生み出し，2018年1月現在でも未だ一定の立ち入り制限をしている地域もある。こうした地域の人たちにとって，故郷に帰りたい，故郷の放射性物質を除染してほしい等の要望も多い。しかし，そのような故郷に帰る措置を求める裁判は，民法の損害賠償の原則である金銭賠償による考え方と対立する。また，金銭賠償をするとしても，金銭で計り知れない莫大な被害であり，かつ，地域社会を破壊され生活の地を奪われたことによる被害，すなわち，ふるさとを喪失した被害の算定は困難である。

　このような被害に対し，どのような損害賠償を認めるべきか，また損害賠償以外の被害者の求めることを実現する方法があるのかが問題になっている。裁判の行方を見守るとともに，法律家だけでなく多くの人が東日本大震災の問題を引き続き考えていくことが必要である。

CHAPTER 8
家 族 と 法

　A は，大学時代から交際していた B との間に子を授かり，2017年 4 月 1 日に C を出産し，家族に手伝ってもらいながら子育てを始めた。A は，以前から祖父 D の家へ頻繁に遊びに行き，D に特にかわいがってもらっていたため，D にひ孫の顔を見せることができて安心していた。その後，C が成人になった日に，D は，A らの見守る中で静かに息を引き取った。

1 家族とはなにか

　人は一人では生きていけない。親（やその祖先）の存在なしには生まれて
くることもできない。このように，人が社会で生活していくための基礎的な
あつまりを家族という。設例の ABCD などは家族であるといえるだろう。

　もっとも，法的にみると家族の意味は明確とはいえず，家族の範囲，家族
とはなにかについての明文の規定はない。とはいえ，「人類みな兄弟」と考
えるのでは，法的な権利や義務に馴染まない。そこで，民法では親族という
範囲を画定し，その関係性を規定している。

　親族関係には，つぎのような区分がある。血族とは，父と子，おばとめい
のように，血統のつながりのある者同士の関係をいう。血族には，自然血縁
関係による自然血族と，養親と養子のように縁組を介して生じる擬制的な法
定血族とがある。この法定血族は，自然血族と同等に扱われるが，離縁に
よって終了することがある。また，配偶者とは，夫から見ると妻，妻から見
ると夫のことをいう。姻族とは，婚姻によって夫婦の一方と他方の血族との
間に生じる関係をいう。直系とは，父母と子，祖父母と孫のように，世代が
上下に直線的に連なる関係をいう。傍系とは，兄弟姉妹間やおじおばとおい
めいのように，2 人が同一の始祖から分岐し直下した形で連なる関係をい
う。尊属とは，父母，祖父母，おじおばのように，自己または自己の配偶者
よりも上の世代の親族のことをいう。他方，卑属とは，子，孫，おいめいの
ように，自己または自己の配偶者よりも下の世代の親族のことをいう。

　親族関係の遠近を示す単位を親等という。親等の数が小さい者ほど近い親
族関係にあることを示すこととなる。直系親族間では，その間の世代数を数
えて定められるのに対し，傍系血族間では，その一方から同一の始祖までさ
かのぼり，その始祖から他方に下るまでの世代数を数えて定められる。ま
た，姻族間の親等は，配偶者を一方の起点として世代数を数える。なお，配
偶者間には親等はない。そして，6 親等内の血族，配偶者および 3 親等内の
姻族を親族と規定している。

2　結婚と法

　近代家族法では，結婚は，すべての家族関係の基礎であり，終生の共同生活を目的とする両性の結びつきであると考える。AとBとの間には子供が生まれたが，AとBとの関係はどのようなものであり，結婚しているといえるのだろうか。

　今日，結婚が法律上完全に有効に成立するためには，民法が定めている実質的要件と形式的要件を備えなければならない。民法は，実質的要件について，「婚姻をすることができない場合」として，以下の婚姻障害事由を定めている。

　①結婚をする者の結婚意思が合致していない場合。なお，憲法24条が「婚姻は，両性の合意のみに基づいて成立」すると定めること等から，同性カップルの婚姻は認められないと解されている。

　②婚姻適齢（18歳）に達していない場合。ちなみに，不適齢者の婚姻は，その取消しを家庭裁判所に請求することができるが適齢期に達した後は取消すことができない。

　③重婚の場合。重婚は，刑法においても犯罪として禁止されており，わが国では一夫一婦制を婚姻のあるべき姿としている。

　④再婚禁止期間にある場合。ただし，現代医学の発達に伴い，再婚禁止期間内の再婚が認められる例外も規定されている。

　⑤近親婚の場合。優生学上の要請および社会秩序への配慮から，一定範囲の親族の間の婚姻が禁止されている。

　つづいて，形式的要件は，戸籍法の定める婚姻の届出をすることが求められている。婚姻の届出がなければ，法律上の結婚とはいえず，どれほど立派な結婚式や披露宴をして，友人や知人等に結婚の宣言をして共同生活に入ったとしても，それは，法律上の結婚とはいえず，ただ事実上の結婚（内縁関係）といわれるにすぎない。このような考え方を，法律婚主義という。AとBとが法的な意味で結婚しているといえるかどうかは，上述の要件を満たし，婚姻が法律上成立しているか否かによる。

　夫婦は結婚すると，婚姻の際に定めるところに従って，夫または妻の氏を

称する。具体的には婚姻届の書式の中で，夫または妻の氏のいずれを使うかチェックする欄があるので，AとBがXという氏を選択することはできないし，AとBが仮に同じ氏であっても，そのいずれを用いたかは示すことになる。このような仕組みを「夫婦同氏」の原則という。この点に関して，男女差別的規定ではないかという意見もあり，夫婦同氏の原則を定める民法750条は違憲であるとの訴えが提起され，最高裁は合憲との判断を示した（最大判平成27年12月16日民集69巻8号2586頁）。

　民法は，夫婦の同居，協力，扶助の義務を定めている。これらの義務は，夫婦のもっとも本質的な義務であり，夫婦の合意によって排除することは許されない。夫婦の間の財産関係については，結婚前に自由な意思で夫婦財産契約を結ぶことができるが，実際にこの契約を結ぶ夫婦はきわめて少ない。夫婦財産契約を結ばなかった夫婦は，民法が定めている法定財産制によるとされ，夫婦別産制が採用されており，夫婦の一方が結婚前から有する財産や結婚中自分の名義で得た財産は，その者の財産としている。他方で，夫婦の日常生活において生じた債務については，連帯して責任を負う。

　ところで，夫婦関係が破たんすると，離婚の問題がおきる。わが国の離婚は，諸外国のそれとくらべると，比較的容易であるといわれている。民法では，協議離婚と裁判離婚の制度を規定し，その他，調停離婚・審判離婚・和解離婚がある。協議離婚は，夫婦に離婚意思の合致があり，離婚届が受理されると，その原因のいかんを問わず成立するという制度で，欧米にはみられない。裁判離婚は民法の定める離婚原因がある場合に，それを理由として夫婦の一方が他方に対して，訴訟によって結婚を解消する制度である。民法は，配偶者に不貞な行為があったとき，配偶者から悪意で遺棄されたとき，配偶者の生死が3年以上不明なとき，配偶者が回復の見込みのない強度の精神病にかかったとき（一般的離婚原因という）を離婚原因としている。離婚をすると，夫婦間の権利・義務は，将来に向って消滅し，結婚によって氏を改めた妻または夫は原則としてもとの氏に復し，子供があるときはその親権者の決定がなされなければならない。離婚した夫婦の一方は，他方に対して財産分与を請求することができる。

3　子ども

　親子関係は，本来は，自然の血縁関係であり，これを実親子関係という
が，それ以外に，民法は，擬制的親子関係として，養子制度による養親子関
係を認めている。

　さて，Cは生まれた後，産院内などではAの子であるとして「Aベビー」
などと称されるが，社会に出るにあたっては，C個人の氏名が必要となる。
氏名は，社会的に見れば，個人を他人から識別し特定する機能を有するもの
であるが，その個人からみれば個人として尊重される基礎であり，その個人
の人格を象徴するものである（最判昭和63年2月16日民集42巻2号27頁）。
氏名のうち，氏については，人は，出生と同時に氏を取得することになる。
名の取得については，民法上明文の規定がない。子の命名は親権の内容に含
まれるとする見解や，子自身の命名権を親が代理するなどと解されている。
名は，正当な理由があれば，家庭裁判所の許可を得て変更することができ，
親が子に特異な名を付けた場合（東京家八王子支審平6・1・31判時1486・
56「悪魔ちゃん」事件を参照）や，長い間通称として使っていて定着した場
合の変更も許可されている。

　ところで，実親子関係は，出産という事実に基づくものであるが，一夫一
婦制の法律婚主義を尊重する立場から，法律上結婚している夫婦の間から生
まれた子供と，法律上結婚していない男女の間から生まれた子供とを区別
し，前者を嫡出子，後者を嫡出でない子（非嫡出子）と呼んでいる。他方
で，血縁関係がないにもかかわらず親子関係を擬制する制度として，養子縁
組がある。養子縁組により，親となる者を養親（養父・養母），子となる者
を養子といい，普通養子縁組と特別養子縁組の2種類が予定されている。普
通養子縁組は，民法制定当初から規定されていた。養親と養子との間の縁組
の合意およびその届出により成立する。従来，養子制度は，家（家系・家
業）の承継を目的とする「家のための養子」あるいは老後の扶養・介護や労
働力の確保を目的とする「親のための養子」として利用されてきた。特別養
子縁組は，原則として6歳未満の未成年者を対象とし，家庭裁判所の審判に
より成立する。実方親族との親族関係を終了させ，養親との離縁を厳格に制

限するなど，養親との唯一の親子関係を重視し，「子のための養子」として注目されている。なお，生殖補助医療技術の進歩にともない，これによる出生児は約30人に１人の割合となっているが，日本には現状，これに関する法律がない。民法が想定していない形の親子関係が生じており，訴訟も提起さて混乱をきたしている。早期の立法が望まれる。

　近代家族法は，結婚を家族関係の基礎と考え，未成年者の保護についても，その枠内で考える。民法では，親が未成年の子を監護・教育することを親の重要な権利・義務とし，とくに義務的性格を強調し，親権という制度を設けている。親権は，父母が共同して行うことを原則としている。

4　出生と死亡

　2017年４月１日生まれのＣは，2016年４月２日以降に生まれた子供と同じ学年になる。これは，どのような理由によるものであろうか。また，Ｄは，Ｃが成人となった日に死亡したというが，この日は法律上いつになるであろうか。

　「年齢計算ニ関スル法律」によれば，年齢は出生の日から計算することになっており，さらに民法143条により期間の満了は起算日に応答する日の前日に満了することになっている。そうなると，人は誕生日の前日が終了する時（午後12時）に年を１つとる（満年齢に達する）ことになる。もっとも，午後12時と午前０時とは，時間として同時なのだが，時間の属する「日」が異なる。Ｃは，４月１日が誕生日であるので，同法によれば３月31日午後12時をもって年を１つとる。他方で，学校教育法17条は「保護者は，子の満６歳に達した日の翌日以後における最初の学年の初めから，・・・これを小学校又は特別支援学校の小学部に就学させる義務を負う」と規定し，さらに学教法施行規則49条「小学校の学年は，４月１日に始まり，翌年３月31日に終わる」と規定している。この２つの法律法規の規定に基づくと，Ｃは2023年３月31日に満６歳を迎えるので，その翌日である４月１日以後における最初の学年，すなわち2023年４月１日に始まる2023年度に小学校に入学することになる。ちなみに，2016年４月２日に生まれた人の場合は，2022年４月１日に満６歳に達するので，その翌日である2022年４月２日以降の最初の４月１日

は2023年にやってくるので，Cと同じ2023年度入学となる。同様に，Cが成人した日（Dがなくなった日）も，「年齢計算ニ関スル法律」と民法143条の規定に基づいて計算すると，2037年3月31日ということになる。

ところで，民法上，人であることの始まりは出生である。出生によって，権利や義務の主体になれる，権利能力を得るとされる。では，人の前段階ともいえる胎児はどうであろうか。胎児にはこの権利能力がないのであるが，例外的に「損害賠償請求権」，「相続」，「遺贈」についてはすでに生まれたものと「みなす」とされる。

また，人であることの終わりは死である。人の死について，民法には明文の規定はないが，一般には「心臓死」という死的状態が医師等によって確認される。なお，2009年に，臓器移植を前提とした「脳死」が人の死として承認されることとなったが，いわば，法律的な「死」である。このほかに，行方不明等によって生死不明な場合に，「死」を確定させる制度も用意されている。まず，戸籍法上の制度として「認定死亡」というものがある。大規模な事故などによって死亡したことは確実視されるが，死体が発見されない場合などで，取調べを担当した官公署（海上保安庁，警察署長等）が死亡の認定をして，戸籍上死亡として扱うもので，裁判所に申立てをする必要はない。つぎに，民法上の制度として「失踪宣告」というのがあり，さらに状況に応じて「普通失踪」と「特別失踪」とがある。普通失踪とは，事故等ではなく，本人が行方をくらませるなどして，生死不明の状態が7年間続いた場合に，利害関係人が家庭裁判所に失踪宣告の請求ができるという制度で，宣告が確定すると，7年の期間満了時に死亡したものとみなされる。特別失踪とは，戦争，船の沈没，災害等の危難によって死体が確認できなかった場合に，当該危難が去った後（戦争終結宣言等），1年間生死不明の状態が続くと，利害関係人が家庭裁判所に失踪宣告を請求できるという制度で，宣告が確定すると，危難が去った時に死亡したものとみなされる。

5　扶養と相続

Dの体力が弱った時に，AやBはDの監護や介護をする必要があるだろ

うか。自分の財産や力で生活することができない者については，生活保護法による保護のように，その責任を国家や公共団体が負う公的扶助がある。これは最低限の扶助とされ，これに優先する私的扶養として，民法では，一定の親族間の扶養義務を定めている。

D（被相続人）が死亡したときに，その財産が誰に承継されるかを規定するのが相続である。相続開始の原因は，現行法では人の死亡のみであり，隠居や収監などは含まれない。一般に，この死亡には「脳死」は含まれず，「心臓死」を意味するとされる。相続開始の場所は，被相続人の住所である。

相続人を誰にするか，またどの相続人にどれだけの相続財産を分けるかは，重大な問題であり，「争続」とも俗称されるように遺族間に混乱を生じうるので，民法では，遺言のないかぎり，相続人となるべき者の順位と相続する割合（相続分）を定めている（法定相続）。これによれば，配偶者は常に相続人となる。第1順位の相続人は，被相続人の子供であり，配偶者がいれば共同相続人となる。この場合の相続分は，子供が2分の1，配偶者が2分の1である。子供が数人いれば，その相続分は相等しいとされる。子供が被相続人の死亡以前にすでに死亡しているときは，その者の子すなわち被相続人の孫が，その者に代わって相続する。これを代襲相続という。被相続人に子供またはその代襲相続人がない場合，第2順位の相続人には直系尊属がなる。この場合にも，配偶者は共同相続人となる。直系尊属の間では，親等の近い者が優先する。相続分は，直系尊属が3分の1，配偶者が3分の2であり，代襲相続はない。直系尊属で同じ親等の者が数人いれば，その相続分は相等しい。以上の者がいない場合には，第3順位の相続人は兄弟姉妹となり，この場合も配偶者は共同相続人となる。相続分は兄弟姉妹が4分の1，配偶者が4分の3である。兄弟姉妹が数人いるときは，その相続分は相等しいが，父母の一方を同じくする兄弟姉妹の相続分は，父母の双方を同じくする兄弟姉妹のそれの2分の1として区別されている。兄弟姉妹の子にも代襲相続が認められる。兄弟姉妹およびその代襲相続人もいないときには，配偶者が単独で相続する。

法定相続は，遺言がない場合に補充的に機能すると解されており，遺言があれば遺言が優先される。遺言は，人の最終の意思を尊重し，死後にその実

現をはかる制度であり，作成をする・しないも，撤回する・しないも自由である（遺言自由の原則）。D は ABC に法定相続分とは異なった財産を残すことも可能になる。遺言は，社会的には，「オヤジの遺言」のように広く最終の意思をいうが，法律上の遺言は，要式行為として法定の方式に従わなければならず，自筆証書遺言，公正証書遺言，秘密証書遺言，死亡危急遺言が用いられる。遺言は，遺言者の死亡の時に初めて効力が発生する。

コラム　所有者不明土地問題

　民法では，相続人が存在しないと確定したときから 3 か月以内に特別縁故者による財産分与の申立てがなかった場合などに，その残余財産は国庫に帰属することになっている。もっとも，国（や地方公共団体）は，金銭以外の換価困難な財産は受け取りたがらない傾向にある。なぜか。この点に関連して，近頃，所有者不明の土地が話題になっている。

　「所有者不明土地」とは，国土交通省などの定義によれば「不動産登記簿等の所有者台帳により，所有者が直ちに判明しない，又は判明しても所有者に連絡がつかない土地」のこととされる。日本法では不動産の相続（所有権移転）の際に，登記の移転を義務づけていないので，相続財産の価値（農地や利用困難地など）が不動産登記にかかる様々な手間やコスト（親戚関係や司法書士費用）よりも低い場合，所有権の確認や今後の相続の際の重要な手掛かりとなる登記が放棄されがちになる。土地は個人の財産ではあるが，地続きであるため，その勝手な放棄が周辺他者の不利益にもなりかねない。国庫の対応にも垣間見られるように，相続「財産」が「負担」と考えられる場面も多くなり，少子高齢社会，多死社会とも称される今日，所有者不明土地問題は喫緊の課題である（詳細は吉原祥子『人口減少時代の土地問題―「所有者不明化」と相続，空き家，制度のゆくえ』中央公論新社・2017年等を参照）。

　国は，現行民法に存在する不在者財産管理制度や相続財産管理制度の見直しと同時に，「法定相続情報証明制度」などを創設し，相続手続きの簡便化も進めている。相続は，私たちにとって避けては通れない。相続ルールの整備には国民的な合意・納得とともに，そのルールが私たちにとって使いやすいものであることも大切である。

CHAPTER 9

経 済 と 法

　サラリーマンのＡさんは，学生のころから絵をかくのが上手
だった。Ａさんは，毎日仕事が終わった後，趣味で自分が描い
た絵をプリントしたキャラクターＴシャツを作っていた。ある
時，友人からそのキャラクターＴシャツのセンスを誉められた
ので，インターネット販売サイトでそのＴシャツを商品Ｘと
して販売したところ，他に類をみないキャラクターが話題とな
り，たくさんのメディアに取り上げられるようになり爆発的
ヒットとなった。
　Ｂ社はさまざまなデザインのシャツやアクセサリーや小物を
販売している会社であるが，Ａさんの販売するキャラクターＴ
シャツの人気に目をつけた。Ｂ会社は，ＡさんのＴシャツに
描かれたキャラクターとそっくりの絵が描いてあるＴシャツ
を模倣して製造し，商品Ｙとして販売するようになった。商
品Ｙのおかげで商品Ｘの売り上げが下がってきたため，怒っ
たＡさんは，「Ｂ社はＡの模倣Ｔシャツを販売している悪徳
業者である。Ｂの販売している商品はＴシャツもアクセサ
リーも小物もすべて偽物でありＢが販売するすべての商品を
購入してはならない」とＡのブログやＳＮＳでＢ社製品の不
買運動をしようと考えている。
　また，Ａさんは，現在勤めている会社を辞めて，キャラクターＴ
シャツ製造販売事業を拡大して経営者になろうかと考えている。
一連のＡさんの事業活動において法的に注意するべき点はど
こにあるだろうか。

1 事業活動と知的財産法

事例では，さまざまなデザインのシャツやアクセサリーや小物を販売しているB社が，Aさんの販売するキャラクターTシャツの人気に目をつけて，AさんのTシャツに描かれたキャラクターとそっくりの絵が描いてあるTシャツを模倣して製造販売するようになったとのことであるが，このBの行為ははたして適法なのかどうか考えてみよう。

事業を営む経営者が，自己の資本を投資して開発した製品をそっくりそのまま模倣した製品が競合他社から無断で販売された場合，経営者がそれまで開発のために投資した投下資本の回収が図れないこととなるかもしれない。このような模倣を放置しておけば，結果的に事業者の事業継続が困難にもなりかねない。しかし，この製品に使われている技術や，製品のデザインや，製品の名称などを知的財産権としておくことによって，他人からの模倣を防止することができることになる。

著作権法

知的財産法のうち，著作権法は，著作物を創作した者や著作物を広めた者に対して一定の権利を発生させることによって，創作を奨励し文化の発展を促している。著作権法において著作者とは，著作物を創作する者をいう（著作権法2条1項2号）。そして，著作物とは思想又は感情を創作的に表現したものであつて，文芸，学術，美術又は音楽の範囲に属するものをいう（著作権法2条1項1号）。Aさんの例でみるならばTシャツの絵を描いたA

知的財産法分類

知的財産法	産業財産権法	特許法	特許権
		実用新案法	実用新案権
		意匠法	意匠権
		商標法	商標権
	著作権法		著作権
	種苗法		育成者権
	半導体集積回路の回路配置に関する法律		回路配置利用権

さんは著作者であり，Ａさんが表現した絵は著作物であることになる。

　また，著作権法において，著作者は，著作者人格権ならびに著作権を享有し（著作権法17条１項），著作者人格権および著作権の享有には，いかなる方式の履行をも要しないと定められている（著作権法17条２項）。このことから，著作権および著作者人格権は著作者が著作物を創作した瞬間に得られることがわかるだろう。

　そして，他人が著作権者や著作者人格権者の許諾なく，著作物を無断で利用する場合には，著作権や著作者人格権の侵害となる。著作権が他人から侵害された場合，権利者は侵害者に対し損害賠償請求をすることができる（民法709条）。また，著作権侵害物品の製造や販売の差止請求をすることができる（著作権法112条）。さらに，著作者人格権が侵害された場合には，侵害者に対して名誉回復措置請求（著作権法115条）を追及することができる。また，侵害者には刑事責任が発生する場合もある。

　Ａさんの例でみるならば，Ａさんは自分が創作した絵が描かれたＴシャツを作っていたので，ＡさんはこのＴシャツの絵について著作権を有することになる。またＢ社はＡに無断でＡさんのＴシャツの絵を模倣した商品を製造販売しているため，Ｂの行為はＡの著作権侵害行為となる。よって，ＡさんはＢ社に対して，模倣品の製造販売差止を請求することができる。また，Ｂによる模倣品販売によってＡが被った損害の賠償を請求することもできることになる。

産業財産権法（特許法・実用新案法・意匠法・商標法）

　知的財産権には著作権だけではなく，産業財産権（特許権，実用新案権，意匠権，商標権）がある。

　特許権とは発明者が成し遂げた発明を一定期間独占的に実施できる権利である（特許法68条）。実用新案権とは考案者が成し遂げた考案を一定期間独占的に実施できる権利である（実用新案法16条）。

　意匠権とはデザイナーが創作した産業デザインと同一のデザインまたは類似のデザインを一定の期間独占的に実施できる権利である（意匠法23条）。

　商標権とは商品またはサービス（役務）につけられた名前を独占的に使用できる権利であり（商標法32条），文字や記号や図形だけではなく，色や音

響や位置なども商標権とすることができる。商標権となるには他人の商品やサービス（役務）と区別ができればよいので（識別力），識別力のあるキャラクター商品の場合にはキャラクターも商標権とすることができる。Ａさんの例でいうならば，Ａさんが創作した絵が描かれているＴシャツについて，一般消費者がその絵によって他のＴシャツと区別することができている場合，Ａさんの創作した絵を商標権とすることができることになる。

　これらの産業財産権は単に発明や考案を成し遂げたり，デザインを創作したり，商品やサービスに名称を付けて使用したりしただけで発生するのではなく，特許庁に出願し審査を経て登録してはじめて権利として発生する。

　産業財産権を侵害した場合には，権利者は侵害者に対して，侵害行為の差止請求をすることができる（特許法100条，実用新案法27条，意匠法37条，商標法36条）。また権利者は侵害者に対して損害賠償請求をなすことができる（民法709条）。さらに信用回復措置請求（特許法106条，実用新案法・意匠法・商標法は特許法106条を準用）などの民事責任が発生する。そして，刑事責任も発生する場合もある（特許法196条，実用新案法57条，意匠法69条，商標法78条）。

　Ａさんの例でみるならば，Ａさんの描いた絵はそのままでは商標権にはならないが，もしＡさんがその絵を商標権として特許庁に登録してあるのであれば，ＡさんはＢ社に対して，商標権侵害を根拠としてＢ社が販売しているＡさんのＴシャツの絵の模倣品の販売差止を請求することができる。また，商標権侵害によってＡさんが被った損害も請求できる。さらに，Ｂ社の模倣品によってＡさんの信用が棄損された場合には，ＢがＡの創作したキャラクターＴシャツの模倣品を販売したことに関して謝罪請求もできることになる。

2　事業活動と競争法

　事例によれば，Ａさんは「Ｂ社はＡの模倣Ｔシャツを販売している悪徳業者である。Ｂの販売している商品はＴシャツもアクセサリーも小物もすべて偽物でありＢが販売するすべての商品を購入してはならない」とＡの

ブログや SNS で B 社製品の不買運動をしようと考えているとのことだが，A による B 社製品不買運動行為に問題はないのか考えてみよう。

独占禁止法

　わが国には私的独占の禁止及び公正取引の確保に関する法律（独占禁止法）がある。この法律では市場の私的独占（他の事業者の事業活動を排除または支配することにより競争を制限すること）および不当な取引制限（他の事業者と相互に事業活動を拘束し競争を制限すること　例）カルテル）が禁止されている（独禁法 3 条）。また，不公正な取引方法を用いた取引が禁止されている（独禁法19条）。不公正な取引方法の具体例は公正取引委員会告示15号に列挙されているが，取引拒絶（正当な理由がないのにある事業者と取引をしない），差別的取扱（不当にある事業者を取引の際に差別する），不当廉売（不当に原価割れの商品を販売し続ける），欺瞞的顧客誘引（競合他社製品よりも自社製品のほうが優良・有利であると顧客に誤認させ自社と取引させるように仕向ける），優越的地位の濫用（自己の取引上の地位が取引相手より優越していることを利用して取引の際に取引相手に不利益となるように取り扱う），取引妨害（競合他社が相手方と取引するのを不当に妨害する）などがある。

　他方，独占禁止法の規定は，著作権法，特許法，実用新案法，意匠法，商標法による権利行使と認められる行為にはこれを適用しないと定められており（独禁法21条），知的財産権を根拠とする事業の独占は許容されることになる。

　A さんの例で考えてみると，B 社の販売する商品 Y は A さんの知的財産権を侵害しているので，商品 Y を購入しないようにという注意喚起は独占禁止法の定める不公正な取引方法の取引妨害には該当しないであろう。しかし，商品 Y 以外の商品は，A さんの知的財産権を侵害していないので，商品 Y 以外の物品の不買運動をすることは独占禁止法の定める不公正な取引方法である取引妨害に該当する可能性があることになる。

不正競争防止法

　不正競争防止法 2 条 1 項では様々な種類の行為を不正競争行為として列挙しており，不正競争行為により営業上の利益を侵害された場合には，侵害者

独占禁止法の規制

行為規制	事業者	私的独占の禁止（独禁法3条）
		不当な取引制限の禁止（独禁法3条）
		不公正な取引方法の禁止（独禁法19条）
	事業者団体	事業者団体による競争制限行為等の禁止
構造規制	企業結合規制	
	独占的状態に対する措置	

に対して損害賠償請求（不競法3条），差止請求（不競法4条）ができると定めている。また，不正競争行為により営業上の信用を害された場合には信用回復措置請求（不競法14条）ができる。不正競争防止法が定める不正競争行為は周知表示混同惹起行為（他社商品につけられている表示を無断で自社商品に使用して販売し消費者に混同を引き起こさせる行為），著名表示冒用行為（他社商品につけられている著名表示を無断で自社商品に使用して販売し顧客を奪う行為），商品形態模倣行為（他社商品の形態を無断で模倣して販売する行為），営業秘密侵害行為（他社の営業秘密を無断で侵害する行為），限定提供データ侵害行為（ビッグデータから生成される気象データ，地図データ，機械稼働データなど），信用毀損行為（競合他社の営業上の信用を害する虚偽の事実を告知又は流布する行為）などがある。

　Aさんの例で考えてみると，B社の販売する商品YはAさんの知的財産権を侵害しているので，商品Yを購入しないようにという注意喚起は「競争関係にある他人の営業上の信用を害する虚偽の事実を告知又は流布する行為」には該当しないであろう。しかし，商品Y以外のB社商品はAさんの知的財産権を侵害しているわけではないので，商品Y以外のB社商品を購入しないようにという注意喚起は「競争関係にある他人の営業上の信用を害する虚偽の事実を告知又は流布する行為」に該当する可能性がある。この場合B社はAさんの不売運動行為に対して不正競争防止法に基づく差止請求や損害賠償請求を行うことができることになる。

第9章　経済と法　93

不正競争防止法の不正競争行為

周知表示混同惹起行為（不正競争防止法2条1項1号）
著名表示冒用行為（不正競争防止法2条1項2号）
商品形態模倣行為（不正競争防止法2条1項3号）
営業秘密侵害行為（不正競争防止法2条1項4号乃至10号）
限定提供データ侵害行為（不正競争防止法2条1項11号乃至16号）
技術的制限手段回避装置提供行為（不正競争防止法2条1項17号・18号）
ドメインネーム不正取得使用保有行為（不正競争防止法2条1項19号）
原産地品質誤認惹起行為（不正競争防止法2条1項20号）
信用毀損行為（不正競争防止法2条1項21号）
代理人等の商標冒用行為（不正競争防止法2条1項22号）

3　事業活動と会社法

　事例では A さんは事業を拡大しようと考えているが，他人から出資を募るにはどのような形態があるのだろうか。

　事業を行うには単独で事業に出資するよりも，集団から出資してもらう方がより多くの元手を集めることができよう。集団から元手を調達する方法としては，組合契約による方法と会社を設立する方法の大きく2つがある。

　会社を設立する場合には，日本の会社法によれば，合名会社，合資会社，合同会社，株式会社の4種類の形態の中から選択することになるが，それぞれに短所と長所がある。合名会社，合資会社，合同会社の出資者（社員）は会社債権者に対して直接責任を負う（会社法580条）。他方で，株式会社は会社債権者に対して直接責任を負わない。また，社員が債務者に負う責任の範囲は，合名会社の出資者（社員）が無限責任を負うのに対して，合資会社は有限責任である。合資会社は無限責任を負う社員と有限責任を負う社員の2種類が必要である。その所有する株式の引受価格（出資額）を超えて，債権者に対して責任を負わない（株主有限責任の原則）。

株式会社の特性

株式会社においては，出資者には細分化された割合的単位をとる株式会社の社員たる地位（株式）が付与され，出資者は株主と呼ばれる。そして，株式は原則として譲渡することが自由と定められている（株式譲渡自由の原則：会社法127条）。また，株主は間接有限責任しか負わないことから，個性を喪失した多数の者が株式会社に投資をすることが期待され，その結果，株式会社では大資本の形成が可能となる。このような事業形態をとる株式会社における出資者（株主）は，必ずしも業務の執行をするのに適しているとはいえない。このため，株式会社においては，株主全員の集合体である株主総会で選任された取締役に経営を任せ，経営専門家による機動的な事業活動を行える制度設計となっている（所有と経営の分離：会社法329条1項）。

株式会社の機関

上述した株式会社の特性から，株式会社には，必ず株主全員で構成される株主総会と1人以上の取締役を設置する必要がある（会社法326条）。

株主総会および取締役以外の機関については原則として任意設置であるが，株式会社の種類によっては設置しなければならないその他の機関もある。たとえば，その株式会社が公開会社（その発行する株式の内容として株式譲渡の際には株式会社の承認を要する旨の定款規定がない株式会社）であれば，最低3名の取締役から構成される取締役会を設置しなければならない（会社法331条5項）。また，その株式会社が大会社（最終事業年度にかかる貸借対照表に資本金として計上した額が5億円以上または最終事業年度にかかる貸借対照表の負債の部に計上した額の合計額が200億円以上である株式会社）であれば，会計監査人を必ず設置しなければならない。

株式会社においては，会社の業務全般にわたって取締役等の職務執行を監査する機関の設置は任意であるが，その株式会社が公開会社かつ大会社であれば，会社の業務全般にわたって取締役等の職務執行を監査する監査役が最低3名以上で構成される監査役会を備えた監査役会設置会社，または，その過半数が社外取締役である最低3名以上の取締役で構成される監査等委員会を備えた監査等委員会設置会社，または，指名委員会（株主総会に提出する取締役の選任解任に関する議案内容決定），報酬委員会（取締役および執行

役が受ける報酬内容決定），監査委員会（取締役および執行役の職務執行を監査）を備える指名委員会等設置会社のいずれかの組織編成をしなければならないこととなる。

株式会社の取締役

株式会社の取締役は株式会社の業務を執行し対外的に会社を代表する（会社法348条1項，349条）。ただし，代表取締役が選定された場合には代表取締役が会社の業務を執行し対外的に会社を代表することになる（会社法349条3項・4項）。

会社法では「株式会社と役員及び会計監査人との関係は，委任に関する規定に従う。」と規定されており（会社法330条），取締役と会社との関係は委任契約（民法643条）または準委任契約（民法656条）の関係にある。民法においては「受任者は，委任の本旨に従い，善良な管理者の注意をもって，委任事務を処理する義務を負う。」（善管注意義務）（民法644条）と定められていることから，取締役は善管注意義務を負う。そして，この善管注意義務は，会社法においては「法令及び定款並びに株主総会の決議を遵守し，株式会社のため忠実にその職務を行わなければならない」（忠実義務）として具体化されている（会社法355条）。

さらに，会社法上，取締役には会社の事業と同種の取引をする際には株主総会（取締役設置会社では取締役会）でその取引に関する重要な事実を開示し承認を受けなければならないとする競業避止義務（会社法356条），取締役

法人格なし	権利能力なき社団		
	組合	組合（民法）	
		匿名組合（商法）	
		有限責任事業組合（有限責任事業組合契約に関する法律）	
法人格あり	一般社団法人（一般社団法人及び一般財団法人に関する法律）		
	会社（会社法）	持分会社	合名会社
			合資会社
			合同会社
		株式会社	

が自ら会社と取引をする際には株主総会（取締役設置会社では取締役会）でその取引に関する重要な事実を開示し承認を受けなければならないとする利益相反取引制限（会社法356条）が規定されている。

「法人格否認の法理」

　例えばAさんがCさんから借金をしている場合，Aさんが個人企業であれば，AさんのCさんに対する借金の返済責任は当然に発生する。しかし，Aさんが単独の出資者として設立した株式会社がCさんから借金をするという形式で借金をしている場合には，株主であるAさんは間接有限責任であることから，Aさんは，Aさんが出資する株式会社にお金を貸しているCさんに対しては，借金の返済責任はないことになる。

　このように，形式的に株式会社の形態を採用し，出資者としての責任を免れようとする場合には，裁判所は「法人格が全くの形骸にすぎない場合，またはそれが法律の適用を回避するために濫用されるが如き場合においては，法人格を認めることは，法人格なるものの本来の目的に照らして許すべからざるものというべきであり，法人格を否認すべきことが要請される場合を生じる」とし，会社名義でなされた取引であっても，相手方は会社という法人格を否認して個人に責任を追求することができるとする（最判昭和44・2・27・民集第23巻2号511頁）。これを法人格否認の法理という。

CHAPTER

10

犯罪と法

大学3年生の夏，ゼミの合宿が行われることになった。報告資料や懇親会用のお菓子やお酒を持参するためには，公共の交通機関で向かうのは難しい。そこで，ゼミで唯一自動車運転免許を持っていたあなたは，荷物を乗せて車で参加することにした。準備のおかげで，合宿は問題なく楽しく進んだ。夜の懇親会では，明日の運転のことを考えてお酒は飲まないと決めていたが，ゼミの仲間たちに勧められて断れず，気づいたら朝までみんなで飲んでいた。車を運転できる状態ではないことは分かっていたけれども，夕方にアルバイトの予定が入っていたのでそのまま急いで車で帰宅した。その帰り道，前方不注意で横断歩道を渡っている家族に気づかずに侵入し，幼い子どもを轢殺してしまった。あなたの行為はどのような犯罪となり，どのような刑罰が科されるのかについて考えてみよう。

1 刑事法とは

　犯罪と法の領域を扱うのが「刑事法」であり，「刑事法」は「刑法」，「刑事訴訟法（刑事手続法)」，「犯罪者処遇法」の3つに大きく分けられる。どのような行為が犯罪となり，どのような刑罰が予定されているのかを扱うのが「刑法」であり，犯罪が発生した後の一連の手続きについて扱うのが「刑事訴訟法」である。刑事訴訟法は，誰によってどのような犯罪事実（構成要件に該当する事実）が行われたのかについての認定と，犯罪者に対して適切な刑罰を科す手続きを定めている。法律関係を定める「実体法」である刑法に対して，実体法の内容を具体的に実現する手続きを定める「手続法」が刑事訴訟法である。刑法の中心が「刑法」という名前の法律（刑法典）であり，広く刑法には，「特別刑法（たとえば，軽犯罪法)」，「行政刑法（たとえば，道路交通法)」が含まれる。

　刑事訴訟法の中心となるのが，「刑事訴訟法」という名前の法律（刑事訴訟法典）であり，広く刑事訴訟法には，「刑事訴訟規則」，「裁判所法」，「検察庁法」等が含まれる。犯罪が発生し，認知された後に捜査が始まる。捜査では証拠の収集，被疑者の身柄拘束（逮捕・勾留）が行われる。捜査の後，起訴するか否かが決定され，起訴した場合には，公判が行われ，判決に至り，上訴することもできる（図参照）。有罪判決が確定した後，刑の執行の手続きを扱うのは刑事訴訟法であり，犯罪者の処遇を扱うのが「犯罪者処遇法」である。犯罪者処遇法の代表的な法律として「刑事収容施設及び被収容者の処遇に関する法律」がある。

　「刑法学」，「刑事訴訟法学」とならんで，犯罪者処遇法領域を含めた学問領域は「刑事学」と呼ばれる。刑事学は，犯罪そのものとその原因について科学的に検討を行う「犯罪学」と，犯罪学で得られた知見に基づいて，犯罪の対策について検討する「刑事政策」を含む。

図　検察庁と刑事手続の流れ

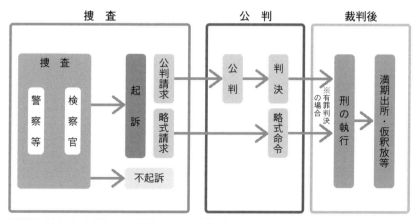

※被疑者が少年（20才未満）である場合には，一旦事件は家庭裁判所に送致されますが，家庭裁判所において刑事処分が相当（刑罰を科すのが相当）であると判断された事件は，再び検察庁に事件が戻され，この場合，原則として起訴されることとなります。それ以外の事件については，家庭裁判所で保護観察や少年院送致などの処分が決められます。

（法務省HP　http://www.moj.go.jp/keiji1/keiji_keiji11-1.html）

　事例のような事故が発生すると，通報を受けた警察官が現場に駆けつけ，現場の状況を調べることになる。この際，被疑者に責任がありそうだと判断されれば，捜査が開始される。警察から検察庁に事件が送られ（送検），検察庁で捜査が継続される。刑事責任を問いうると判断すれば，公訴を提起し，公判手続きが始まる。そこでは，様々な証拠調べ等がなされて判決に至る。事例の場合，かつては刑法211条の「業務上過失致死罪」として，「5年以下の懲役若しくは禁錮又は100万円以下の罰金」が予定されていたが，現在では，交通事故を起こした者については，より重い刑罰が科されることになっている（最終節を参照）。

2　犯罪とは

　犯罪とは，刑罰が予定された行為である。刑法はその名の通り，刑罰を扱った法律である。刑罰を科すためにはあらかじめ法律に規定されていなけ

ればならないから，刑法に規定されていない行為は犯罪ではない。したがって，どのような行為が犯罪であるかは刑法に規定されていることになる。例えば，人から財物を窃取する（財物の持ち主の意思に反して奪う）行為は窃盗罪（235条）であり，暴行・脅迫を用いて強取（財物の持ち主の反抗を抑圧して奪う）すれば強盗罪（236条1項）となり，強盗の際に人を負傷させたり死亡させたりした場合には強盗致死傷罪（240条）となることが規定され，それぞれの犯罪の要件とそれに対する刑罰が定められている。これが，刑法が「犯罪カタログ」といわれるゆえんである。

　刑罰は，社会的に有害な行為の中でも特に重大性が高い行為に対して，または刑罰によってしか守ることのできない法益（法によって守られるべき利益）を保護する場合にのみ用いられるから，必ずしも私たちが考える「悪い」行為の全てが犯罪となるわけではない。

　刑法は，犯罪と刑罰を条文として明記することで，行動の自由に一定の制限をしている。これを，刑法の「規制機能」という。その反面，条文に規定されていない行為は犯罪ではなく，その行為を行う自由を認めていることから，行動の自由を保障しているということもできる。これを，刑法の「自由保障機能」という。

　犯罪が成立するためには，その行為が「構成要件」に該当し，「違法」で「責任」があることが必要であり，「構成要件」，「違法性」，「責任」の3段階で犯罪が成立するか否かを認定していくことになる。殺人罪を規定する刑法199条（人を殺した者は，死刑又は無期若しくは5年以上の懲役に処する）を例に考えてみよう。第1に，構成要件とは，犯罪の要件の大枠である。この段階では，「人を殺した者」に，行為者が行った行為が該当するか否かが検討される。「人を殺した」という記述からは，拳銃による銃殺であるか，ナイフによる刺殺であるかは問われない。なお，行為を行った「者」とあるから，この規範が向けられているのは「人」であるということになる。したがって，例えば，野生のクマが山菜採りに来た人を死なせたとしても，殺人罪には問われない。第2に，その行為が法に違反する行為であることが必要である。構成要件に該当するような行為は違法な行為であるといえるから，違法性の段階では，正当防衛による殺人のような場合に違法性を欠くとする

違法性阻却事由を認め，それに該当する場合には，違法性がないと判断する。第3に，その行為について行為者に刑法上の非難ができることが必要である。例えば，精神的な障害によって物事の良し悪しを区別する能力がない行為者に対してはその行為を非難できないために，責任阻却事由として認め，責任がないと判断する。全ての要件を満たせば犯罪は成立するが，1つでも欠ける場合には成立しない。

そして，殺人罪が認定された場合には，「死刑又は無期若しくは5年以上の懲役」という法定刑が示されており，これに加重ないし減軽が行われて行為者に科されることになる。

3 刑罰とは

私たちが社会で安全に生活するために必要なルール（社会規範）のうち，国家権力が強制する規範が法である。国家の強制に反した者には法的制裁が加えられる。法的制裁には，民事責任（主に損害賠償），行政責任（反則金や免許の取消等），刑事責任（刑罰）があり，もっとも強力な法的制裁が刑罰である。法が法的制裁を伴って保護している利益が「法益」である。例えば刑法において，殺人罪では人の生命が，窃盗罪では財産権が，これらを犯罪として禁止すること（禁止規範）によって守られる法益である（刑法の法益保護機能）。

日本の刑罰は刑法9～30条に規定されている。生命を奪う刑罰（生命刑）として「死刑」があり，自由を奪う刑罰（自由刑）として懲役，禁錮及び拘留がある。無期及び原則1ヶ月以上20年以下にわたって刑事施設に拘置されるのが懲役（12条）と禁錮（13条）であるが，懲役は拘置されて所定の作業につかなければならない。拘留（16条）は1日以上30日未満の刑事施設拘置である。財産を奪う刑罰（財産刑）として罰金（1万円以上，減刑の際は1万円以下（15条）），科料（1,000円以上1万円未満（16条）），没収（犯罪時に用いたもの等（19条））がある。没収以外の刑罰が主刑であり，付加刑である没収は主刑が科される場合にのみ付加的に科すことができる。これら以外の法的制裁は「刑罰」ではないから，他の法的制裁が予定されている行為

は「犯罪」ではない。たとえば，過料は金銭罰の一種であるが，刑罰ではなく，過料が予定されている行為は「犯罪」ではない。刑罰はいずれも重大な人権侵害であるが，刑罰に関する規定は，国家が合法的に犯罪者の生命・自由・財産を奪うことができること（国家刑罰権）を明言している。したがって，刑法は，国家刑罰権という最も厳しい法的制裁をもってその遵守を国民に強いている。しかし刑法は万能ではなく，犯罪の範囲が広すぎたり，あまりに残酷な刑罰が科されたりするならば，社会が安定するどころか，混乱を招き，生きにくい社会となる。そのため，刑法は謙抑的に運用される必要がある。

　刑罰の本質についての考え方には，国家による応報に求める「応報刑論」と，将来の犯罪防止のための教育に求める「目的刑論」とがある。応報刑論には，刑罰をただ「目には目を歯には歯を」という「同害報復」としての応報としてのみ理解をする「絶対的応報刑論」と，刑罰を応報の範囲内とし（応報），犯罪防止（予防）の意味を持たせる「相対的応報刑論」とがある。相対的応報刑論に基づくと，刑罰は，将来の似たような犯罪を防止し，将来の被害の発生を防ぐために科されると考えられる。

　目的刑論には，刑罰を科すことによって国民一般に犯罪予防の意味を持たせる「一般的予防刑論」と，犯罪者に刑罰を科すことによってその犯罪者が将来犯罪をしないよう予防する意味をもたせる「特別的予防刑論」とがある。予防の目的を徹底すると，フィクションの世界のように，犯罪を行う前に逮捕して犯罪が行えないように刑事収容施設等に収容してしまうことで，犯罪の発生を予防することができると考え至るかもしれない。しかし，将来起こるかもしれない犯罪を予防するために，いつでも国民の自由を奪って良いことになってしまったら，評価の難しい犯罪予防の効果に対して，行動の自由があまりに不当に制限されることになってしまう。そこで，刑罰を一定の害であると考えて，刑罰は犯罪が行われた後に科されるものであり，行ったこと以上の刑罰を科されないとする応報の考え方が取り入れられている。ここでは，「応報」が，「同害報復」としてではなく，行ったこと以上の責任を負わない，刑罰を制限する方向に用いられているのである。

4 罪刑法定主義

　一定の行為を犯罪として，これに刑罰を科すには，あらかじめ法律によって規定されていなければならないとする原則を，罪刑法定主義という。罪刑法定主義とは，「法律なければ犯罪なし，法律なければ刑罰なし」という言葉で表される。ここで，罪刑法定主義が守られない場合を想像してみよう。どのような行為が犯罪になるかが事前に分からず，犯罪に対してどのような刑罰が科されるかも，その程度も種類も分からない。その上，人によって刑罰が科されるか否かが異なり，刑罰の長さも種類もまちまちという極めて恣意的な運用がなされるかもしれない。犯罪になる行為が事前に分からないことは，国民の行動の自由を大幅に害するから，あらかじめ定められていることが自由主義原理から要請される。それに加えて，民主主義原理の要請として国民の代表である国会において決められるべき重要な事柄であるから，法律によって規定されなければならない。

　罪刑法定主義は，憲法によっても要請されている。憲法31条は，「何人も，法律の定める手続によらなければ，その生命若しくは自由を奪はれ，又はその他の刑罰を科せられない」と定めている。法律による手続きとは，適正な手続きであると理解をされている。適正な手続の保障のためには，「形式的適正手続」だけでなく，「実質的適正手続」も必要である。

　形式的適正手続には，国会で制定された成文法によることが求められ，慣習法は除かれる。これを，「慣習刑法の禁止」という。ただし，各自治体によって制定された条例は認められている。憲法39条前段は，「何人も，実行の時に適法であつた行為又は既に無罪とされた行為については，刑事上の責任を問はれない」と定めている。これは，ある行為が行われた後に，その行為が法律で犯罪とされたとしても，その法律の効力を持たない時点でなされた行為を犯罪行為として扱うことを禁止し，行為後に成立した法律を過去に遡って適用する遡及効を禁止している。これを，「事後法の禁止」という。

　実質的適正手続には，条文の文言そのものが不明確であってはならず，内容が明確であることが必要とされる。これを，「明確性の原則」という。条文の文言は明確であっても，処罰範囲が広すぎるような場合には，犯罪と刑

罰との釣り合いが取れて適正であるべきとする「罪刑の均衡」の要請が働く。

このほかに，「類推解釈の禁止」や「絶対的不定期刑の禁止」という原則がある。条文解釈のうち類推解釈は禁止されている。例えば，秘密漏示罪を定めた刑法134条「医師，薬剤師，医薬品販売業者，助産師，弁護士，弁護人，公証人又はこれらの職にあった者が，正当な理由がないのに，その業務上取り扱ったことについて知り得た人の秘密を漏らしたときは，6月以下の懲役又は10万円以下の罰金に処する」には，医師，助産師は挙げられているが看護師は含まれていない。医師の行う診療業務を補助することが業務である看護師であっても，これに含まれるとするのは類推解釈にあたり，認められない。よって，看護師はこの条文の対象にならない（なお，看護師の守秘義務については，別途，保健師助産師看護師法に規定されている）。ただし，被疑者に有利となる類推解釈は禁止されておらず，被疑者に不利となる類推解釈が禁止されていることになる。

刑期が全く定められていない刑罰を科す「絶対的不定期刑」は禁止されているが，刑期の最短と最長を定める「相対的不定期刑」は少年法において採用されている。

5　近年の動向——交通事犯

従来，自動車運転によって人を死傷させた者は，「5年以下の懲役若しくは禁錮又は100万円以下の罰金」の刑罰が予定された「業務上過失致死傷罪」が適用されていた。しかし近年，交通事犯（道路交通に関する犯罪）に関する法状況は大きく様変わりした。無免許運転や飲酒運転による悲惨な事故が続き，刑罰の上限を上げる厳罰化に舵が切られたのである。2001年に刑法の一部改正がなされ，危険運転致死傷罪（208条の2（当時））が新設され，人を負傷させた場合は15年以下の懲役，死亡させた場合は1年以上の有期懲役とされた。さらにその後の，自動車運転過失致死傷罪（211条2項）の新設によって，業務上過失致死傷罪と比べて懲役刑について5年以下から7年以下に上限が引き上げられた。しかし，その後も悲惨な事故は続き，社会的関心の高まりに伴うように，自動車運転死傷処罰法（自動車の運転により人を

死傷させる行為等の処罰に関する法律）が2013年に成立し，2014年に施行された。わずか6条からなるこの法律によって，自動車運転過失致死傷罪が過失運転致死傷罪（7年以下の懲役若しくは禁錮又は100万円以下の罰金）へと引き継がれ，さらに危険運転致死傷罪（人を負傷させた場合には15年以下の懲役，死亡させた場合には1年以上の懲役）の適用の幅が広げられた。わざと人を殺した場合に適用される殺人罪に予定された刑罰が，死刑又は無期若しくは5年以上の懲役であるから，危険運転致死傷罪はもちろん，場合によっては過失運転致死傷罪にも故意殺人より重い刑罰が科されうることになった。さらに，新たに飲酒運転等の発覚を逃れる行為自体が犯罪とされ，道路交通法違反であった無免許による運転には刑期の加重がなされることとなった。

　最後に，扉で挙げた事例について考えてみよう。運転免許を持っているあなたは，運転当日の朝まで飲酒をし，酔いが覚めていないことを認識しながら自動車を運転し，その結果，人を死亡させるに至っている。法改正前であれば，業務上過失致死罪であったが，現在は自動車運転死傷処罰法の対象となる。この法律では，飲酒運転は危険運転の1つとして挙げられ，運転が困難な状況であったか，支障を生じるおそれのある状況であったかによって，前者であれば1年以上の有期懲役，後者であれば，15年以下の懲役となる可能性がある。

　どのような理由があるにせよ軽率に飲酒運転をすることは決して許されない。しかし，わざと（故意）人を殺そうとして人を死なせる行為と，家に帰ろうと自動車を運転してうっかり（過失）人を轢殺してしまった行為とにおいて，後者の刑罰が重くなりうるという現在の状況をどう考えるべきか。被害者・加害者（被疑者・犯罪者）どちらか一方の立場のみではなく，それぞれの立場に立ってぜひ考えてみて欲しい。

コラム　医療と法

　生まれたその瞬間から社会で生きるほとんど全ての人が無関係では生きられないのが医療であり，現に日本の医療費は年40兆円を超えている。そして，医療分野を扱う法が「医事法」である。その範囲は，医療制度や医療情報に関わるものから，安楽死・尊厳死を扱う終末期医療，生殖補助医療の問題，予防的な医療のあり方や美容整形，医療事故・医療過誤，医薬品等の規制の問題等，大変幅広い。

　刑法が関わる重要な問題の一つに，医療行為が刑法上許されるための（正当化）根拠がある。医師が行う「医療行為」は，時に身体に対する侵襲を伴う。たとえば，メスでの開腹それ自体は「傷害罪」（刑法204条）または「業務上過失致傷罪」が成立しうる行為である。医療行為の正当化は，刑法35条（法令又は正当な業務による行為は，罰しない）の正当業務行為の規定を根拠とする。これは，たとえばプロボクサーが試合において相手を殴るような行為を正当化する条文である。医療行為が正当業務行為として正当化されるためには必要な要件がある。それは，当該患者の治療を目的とし，その患者の治療に有用性（治療効果とリスクのバランス）の認められる治療手段が，社会的に承認された方法で，技術を伴う者によってなされること，そしてそれらに対するインフォームド・コンセントがあることである。インフォームド・コンセントとは，医師による十分な説明に基づいた医師と患者のコミュニケーションによって導かれる同意のことである。これらの条件がそろって初めて，メスでの開腹のような医療行為が刑法上許される（正当化される）ことになる。ただし，医療行為自体が正当化されたとしても，手術中のうっかりミスによって患者を死亡させたり身体に傷害を生じさせた場合には，業務上過失致死傷罪の成否が問題となる。

　これらの要件は，民法上の責任を考える際にも用いられている。その一方で，医療行為に過失があったかを判断する基準として，民事裁判によって形成された基準である「医療水準」は刑事裁判でも用いられている。医事法は，民事法，刑事法，行政法を中心としたあらゆる法分野が関係し，その他の社会科学及び自然科学分野の知見も必要とされる学際的な領域である。一通り法律を勉強したら，ぜひ挑戦してみて欲しい。

CHAPTER

11

仕事と法

　Ａは、大学４年生であり、週に４回ほどＢでアルバイトをしながら就職活動をしていた。その後、Ｃ社とＤ社から内々定を得ることができた。２社の条件を調べてみると、Ｃ社の場合は「正社員」、Ｄ社の場合は「契約社員」のようであった。Ｃ社ではインターンシップも経験していたため、Ａは、大学のキャリアセンターや指導教員、家族とも相談したうえで、Ｃ社に決めることにした。就職活動も一段落したので、卒業論文に専念するために、アルバイト先のＢを辞めることをＢの店長に申し出たが、「急に無責任に辞められると、アルバイト先の仕事が回らなくなる」と言われ、認めてもらえなかった。Ａは、夏休み以降、Ｃ社の人事担当者の勧めで、入社後の業務を早期に理解するために、週末にＣ社の業務を補助するなどしていた。大学生活最後の１年なので、ゼミ活動を優先し、業務補助の要請を断ることはあったが、内定通知は受けていた。ところが、年末にＣ社の人事担当者に呼び出され「業績の悪化による採用の削減と秋以降の留学帰国者向け採用試験でＡよりも弊社に尽くしてくれる有望な人材を採用できたので」という理由で、内定を取り消されてしまった。

1 働くことの意味とルール

　私たちは，大学（あるいは高等学校，中学校）を卒業した後，どのような進路を選択することになるだろうか。家業を継いだり，自分で起業したり，医師や弁護士として開業したりする人もいるだろうが，多くの人が就職活動を経て，企業の従業員や国・地方自治体の公務員などになって働くことを目指しているだろう。あるいは，学生時代のうちから，アルバイトなどで働いている人も少なくない。就職した後はもちろんのこと，アルバイトであっても，働く時間が人生に占める割合は少なくない。そして，ニュースや就職後の先輩，または自分自身のアルバイト経験などから，例えば残業の多さ・シフトの多さ・休みの少なさなど，働くことにまつわるさまざまな疑問や問題点を意識していることも多いだろう。「ブラック企業」，「ブラックバイト」などの言葉を耳にしたこともあるのではないだろうか。これらのことについてのルール，つまり働くことに関するルールを「ワークルール」と呼ぶことがある。ワークルールは，主に「労働法」という法分野の法律であるが，制定法だけでなく就業規則や労働協約なども含むルール全体を示すものとして考えられている。

　私たちにとって，ワークルールを学ぶことは重要である。なぜなら，働くもの（労働者）にとっては，自分の生活と権利を守るためであり，その一方で，働かせるもの（使用者）にとっても，円滑で健全な企業経営を確保するためだからである。すなわち，ワークルールを学び，理解して用いることは，本来，労働者と使用者の双方にとって必要不可欠なことなのである。

　ところが，現実には，私たち誰でも知っていて，多くの人が憧れるような企業の労働者や使用者であっても，十分にワークルールを学び，理解して用いているとはいえない状況にある。近年，学生アルバイトも含め，若い働き手を酷使する「ブラックバイト」や「ブラック企業」が問題になっているが，この問題を突き詰めて考えると，ワークルールへの認識不足が原因といえるのである。その現実として，ワークルールの知識を必要としている人と実際に知っている人との間に知識のミスマッチがあり，また，ワークルールを知っていることがルールを守らせる行動やルールの遵守（コンプライアン

ス）に結びついておらず，労働者の労働環境はもちろん，企業活動に多大な悪影響をもたらしている場合も散見される。したがって，働くことに関わるすべての人がワークルールを学ぶことが重要になる。

2　ワークルールの必要性

　現在，私たちの働く環境には様々なものがある。会社で働くことのほか，農業に従事する人や開業医として働く人もいるが，ワークルールの主要な内容である労働法が対象とするのは，会社などに雇われて，上司の指示に従って働く「雇用的な働き方」についてであり，農業や開業医のような「自営的な働き方」とは区別している。他方で，いわゆる正社員ではない「学生アルバイト」も，会社の指示に従って働く「雇用的な働き方」をしていれば，労働法が適用される「労働者」ということになる。

　正社員であれ，学生アルバイトであれ，会社が労働者に仕事を命じることができる根拠は，会社（使用者）と労働者がそのような約束（契約）をしているからである。つまり，使用者と労働者の関係は，「労働者が使用者の指示にしたがって働くこと」と「使用者がその対価として報酬を支払うこと」を相互に約束した「雇用」という契約関係として考えることができる。使用者はこの雇用契約を根拠に，その範囲内で労働者に指示を与え，働かせることができるのである。

　ところで，雇用契約に関しては，民法に関係する規定があるにもかかわらず，さらに労働契約法という法律が別途制定されているが，それはなぜだろうか。民法の世界では，雇用契約を含むすべての契約は，対等な当事者間の自由な合意であるとされており，あたかも他の商品の取引と同じような関係として考えられている。しかし，現実の使用者と労働者の関係は，対等な関係とも，自由な関係とも言い難い。実際上，使用者と労働者の間の経済力や情報量の差は歴然としている。また，とくに重要なことは，労働者は，他の商品のような「モノ」ではなく，生身の人格をもった「ヒト」であるので，「モノ」のように，貯めておいて有利なときに売るという売り惜しみができないことである。

このような労働者の特徴を踏まえると，民法の雇用契約だけで規律しよう
とすると，以下のような問題が生じる可能性がある。まず，雇用契約は，働
く「ヒト」そのもの，すなわち生身の労働者を取引の対象にするので，契約
の内容によっては，労働者の肉体や精神が侵害されるおそれがある。つづい
て，労働者は，自らがもっている労働力以外に売るべき財（モノ）をもたな
いので，今日の労働力は今日売らないと意味がなく，そのため，労働力とい
う商品は，買いたたかれやすく，労働者が使用者との関係で経済的に弱い立
場におかれ，その結果，労働者は，自分が望んでいない条件で契約を締結し
てしまうおそれがある。そして，労働者が働く際には，使用者から指示や命
令をうけるので，働くことによって労働者の人格や自由が侵害されるおそれ
がある。そこで，ILO（国際労働機関）は，1944年の「フィラデルフィア宣
言」で「労働は商品ではない」と述べた。「労働は商品ではない」ために，
使用者と労働者の関係を民法における契約の自由にゆだねておくことはでき
ず，労働者の生存・自由・人格を守るため，労働法によって雇用契約関係を
規律する必要があるといえる。

こうした結果，労働者個人の保護の観点から，労働基準法などが定めら
れ，法律が定める最低基準に違反する雇用契約を違法・無効とするなどの方
法で契約自由の原則を制約し，労働者に人間的な生存と自由を確保しようと
した。また，労働者集団の結成や行動の自由を保護する観点から，労働組合
法などが定められ，労働者が団結して使用者と団体交渉をし，その際にスト
ライキなどの団体行動をとることも認めて，労働者と使用者の力の格差を是
正しようとした。さらに，近時の労働環境の変化を反映する観点から，多く
の関係する法律が制定されている。

3 働くことへのかかわり方とそのルール

設例のＡは，大学生としてかかわることになる働くことに関する出来事
とルール，その問題点の多くを示している。このような出来事をワークルー
ルあるいは法律との関わりでは，どのように考えたらいいだろうか。

大学生の多くが，学業のかたわら，アルバイトに従事している。アルバイ

トは，収入を得るということはもちろん，就職ないしは就職活動の下準備と
して，社会を垣間見るいい経験になるということは，古くから言われてい
る。しかし，「ブラックバイト」などの言葉にも表れているように，アルバ
イトの過程で重大なトラブルに巻き込まれることもありうるし，学生アルバ
イトの内容の変化も指摘されている。

　まず，アルバイトという名称であっても，職業の種類を問わず，事業また
は事務所に使用される者で，賃金を支払われる者は「労働者」にあたる（労
働基準法9条）。つまり労働契約（労働契約法6条）に基づいて働く主体と
なるため，その契約内容はしっかりと確認し，合意しておくことが重要であ
る。そのため，アルバイト先（使用者）としても，労働時間その他の労働条
件を明示しなければならず（労働基準法15条1項），なかでも重要な①労働
契約期間，②期間更新の有無，③仕事場所・内容，④勤務形態，⑤賃金，⑥
退職・解雇関連，の6項目は，労働者に書面で交付して明示しなければなら
ないことになっている（労働基準法施行規則5条1項）。しかし，厚生労働
省「大学生等に対するアルバイトに関する意識等調査結果について」（2015
年11月9日）によれば，6割近くのアルバイト環境で，労働条件の書面が交
付されていないという実態の報告もある。口頭での説明のみでは誤解が生じ
やすく，書面であっても内容をよく確認せずに署名してしまっては，かえっ
てトラブルのもとになりかねない。働く曜日や試験期間・長期休暇中の働き
方などは，大学生（労働者）にとっては重要なことであると同時に，アルバ
イト先（使用者）にとっても重要かつ重大な関心事であり，アルバイトを優
先して試験が受けられなかった，卒業論文が提出できなかった等のトラブル
は避けたい。また，一定の契約期間を定めずに雇用されている場合は，労働
者はいつでも，どのような理由であっても退職の申し入れをすることがで
き，申し入れから2週間後には退職することができる（民法627条1項）。辞
める際には，代わりの人を探してくる責任もないし，そのための求人広告費
用を支払う責任もない。契約内容をよく確認するのはもちろんのこと，小さ
なアルバイト先では書類作成の手間を少なくするために，厚生労働省がHP
で公開しているモデル労働条件通知書などを持参して，使用者に書き込んで
もらったりすることも有効であろう。

つぎに，インターンシップについて考えてみよう。インターンシップ自体は1990年代から政府も認めてきたが，そこでのインターンシップは，大学教育の一環として，たとえば大学が単位認定をしたり，大学のキャリアセンターが仲介したりするようなものである。全大学生から見ると，これへの参加率は2016年の文部科学省の調査で，2.6％とされており，それほど多くはない。

　その一方で，大学が全く関与しない，いわば就職活動の一環ないし前倒しとして行われているインターンシップが近年拡大する傾向にある。学生の休暇中などを利用し（必ずしも休暇中ばかりではないが），1日から1週間程度の就業体験を行うものであり，実際の就職活動の際に，インターシップへの参加が有利に扱われる場面も少なくないようである。

　インターンシップには，就職先を決める前に，いろいろな企業を内側から見ることができるなど，メリットもある反面，そのデメリットも指摘されている。例えば，インターンシップ参加が就職活動や就職後に有利に扱われること等をほのめかして，安価な労働力として都合よく活用するケースである。インターンシップは就業体験であるため，基本的には労働法の規律の対象外であり，多くの場合，賃金は支払われず，交通費などの補助があるにとどまる場合が多い。しかし，実際には，インターンシップと称して，土日の繁忙期に学生を呼び出し，正社員の業務の補助をさせるケースもある。この場合，日当などと称して数千円の支払いがなされることもあるが，通常のアルバイトに比べると低賃金の最低賃金以下の支払いにとどまることもある。この点，インターンシップと称していても，その作業が利益や効果を生み，一般的な労働のような使用従属関係が認められるようなケースでは，インターン学生であっても労働者に該当するという通達も出されている（労働省1997年9月18日基発636号）。「労働者」ということであれば，最低賃金以上の賃金を支払う必要があり，また，その作業中の事故については労災保険の適用対象ともなる。今後の就活相手ないし就職先からの「インターンシップ」の誘いとなると，どのような条件であっても断りにくいという心情はあるだろうが，まさにそのような学生の心情を逆手に取っているケースもある。疑問があれば大学のキャリアセンターなどへ相談すべきである。

4 雇用されるということ

AがC社とD社の間で悩んだように、いくつかの企業間で就職先を選ばなければならないケースがある。ある意味で幸せな悩みであるが、例えばD社が人気企業であった場合などに、C社とD社の契約内容よりも、「あの憧れのD社で働ける！」ということを優先して就職先を決定することもあるだろう。その選択自体は個人の価値観によって異なるものといえるが、その選択が意味する違いは理解しておいてもよさそうである。ここでは、いわゆる「正社員」と「契約社員」の違いとその周辺について考えてみる。

「正社員」とは、期間の定めのない労働契約にもとづいて働くものであり、特に問題がない限りは働き続けることができる雇用形態である。これに対して「契約社員」は、有期労働契約にもとづいて働くものであり、1回あたりの契約期間は、一部の専門職などを除き、最長で3年、短い場合は1年、半年、3か月などの単位での契約もある。有期労働契約の場合、その契約期間が満了（終了）すると、労働契約は自動的に終了するのが原則である。労働者と使用者の双方が望めば、契約を更新することもできるが、使用者が拒めば、労働者が望んでも更新されず終了となるので、正社員に比べて雇用が不安定化する可能性がある。また、有期労働契約が反復継続している場合は、使用者からの更新拒絶ができない場合もある（労働契約法19条）ことから、更新回数に制限を設けている契約もあり、注意が必要である。

契約社員から期間の定めのない社員へ登用する制度があることを示して、まずは契約社員として働き、実力次第でのステップアップを期待させるようなケースもあるが、登用の条件や実績について調べておく必要がある。また、それが正社員への登用なのか、有期労働が反復継続して通算5年を超えた場合に、労働者が申し込むことによって期間の定めのない労働契約（無期労働契約）に転換される（労働契約法18条）ということなのかは、注意を要する。一般に、正社員と無期労働契約の社員では、賞与の有無のような給与体系や昇任のルートなどが異なるケースも多い。

また、労働者派遣法に基づく「派遣社員」という形態のほか、最近はエステなど、一定の技術を必要とする仕事などについて、例えばX社内や関連

企業での研修を積んだうえで，エステ施術などを個人であるＹに「請負」の形で依頼して，自社内あるいは関連企業で仕事をさせるような形態が増加している。この場合，「雇用」契約ではなく，Ｙを個人事業主，すなわちＸとＹを対等な立場として考えるので，ＸとＹとの関係が労働法の適用対象外とされ，雇用保険などの社会保障もない。いわばＸ社側の負担を減らすために，実質的には自社内で働いているＹを労働法の適用外に置くもので，問題視されている。

　ところで，ＡはＣ社から内定を得ていたが，秋ごろになって断りの連絡がきた。まさに青天の霹靂といえようが，そもそも「内定」とはどのような意味があるのだろうか。内定の意味を一義的に規律する法律のルールはないが，判例等により企業と内定を得る者（内定者）との間に「始期付解約権留保付労働契約」が成立するものと解されている（「大日本印刷事件」最判昭和54年７月20日民集33巻５号582頁）。すなわち，契約の効力が生じるのは，卒業翌年度の４月１日という始期付で，このことは，大学生として卒業できなかった場合などには解約することもあるという「解約権留保付」であることを意味する。なお，経団連（日本経済団体連合会）などの考え方により，正式な内定日は，卒業・修了年度の10月１日以降となることが一般的である。そして，内定は，すでに契約が締結されているので，解雇と同じ扱いになると解されており，客観的，合理的な理由がなく，社会通念上相当と認められないものは，解雇権の濫用として無効になる（労働契約法16条）。使用者側の理由による内定取消は，倒産などのやむを得ない事情の場合にのみ認められ，単なる経営上の問題では認められない。事例では，Ｃ社の事情が厳しく判断されよう。なお，Ｃ社がやむを得ず内定取消を行う場合は，事前にハローワークや大学に通知する必要があると定められている。

　内定者側の事情による内定取消は，採用内定通知書または誓約書に記載されている採用内定取消事由が生じた場合にすることができるが，判例では「採用内定の取消事由は，採用内定当時知ることができず，また知ることが期待できないような事実であって，これを理由として採用内定を取消すことが…採用内定に留保された解約権の趣旨，目的に照らして客観的に合理的と認められ社会通念上相当として是認することができるものに限られる」と解

されている（前掲「大日本印刷事件」）。具体的には，単位不足による留年，重大な犯罪行為（「電電公社近畿電通局事件」最判昭和55年５月30日民集34巻３号464頁），業務遂行に支障のある重大な健康上の異常などが発覚したときであり，Ａよりも能力が高いと思われる人が見つかったというような事情は，内定取消事由には該当しないだろう。

　ところで，10月１日以前の段階で，企業から「合格」の連絡を受けることもあるだろう。これについては，10月１日以降の正式な内定と区別して「内々定」などと呼ばれている。正式な内定でなくても実質的に労働契約の締結と同視されうるかは，ケースバイケースであるといえる。できれば書面などで明確にしておくことが望ましいが，いずれにせよ，前述の判例の判断基準は内々定をも射程に含むものといえるだろう。

5　学業・私生活との関係

　大学生にとっては，「学生」が仕事であることは間違いない。しかし，その一方で，アルバイトをしないと「学生」という仕事が困難になる人がいることも事実であるし，学生であることの目的が就職することではないとしても，学生の先の「就職」が見えてこないというのも，不安でならない。その不安に付け込まれないようにする身を守る術であり，武器にもなるのがワークルールである。

　ワークルールに関するトラブルを回避するにはどうしたらいいのだろうか。まずは募集内容・契約内容の確認が必要であるし，できればそれを書面化することが望ましい。書面化は，労働者，特に使用者にとっては確かに面倒ではあるが，その理由は，書面化できないような「ブラック」な職場であるからという可能性が高いともいえる。特に，憧れの職場であるカフェ店員，おしゃれな雑貨店店員，有名人が登場するイベントやイメージキャラクターになっている企業など，「やってみたい仕事」であっても，だからといって「ブラック」か否かを確認できないようでは，そのリスクは少なくない。その取引の対象になるのは生身の「ヒト」，他でもない自分自身だからである。もっとも，社会経験の少ない若者が，手練れの大人との交渉や問題

解決をすべて行うことも難しいだろう。必要な知識を得ておく一方で，困ったときには 1 人で悩まず，大学のキャリアセンター，NPO，弁護士，労働監督署などにすみやかに相談することをお勧めする。また，石田眞 = 竹内寿監修『ブラックバイト対処マニュアル』早稲田大学出版部（2016年）や石田眞 = 浅倉むつ子 = 上西充子『大学生のためのアルバイト・就活トラブル Q & A』旬報社（2017年）等も，学生や若者の視点の本であり，参考にしてほしい。

第11章 仕事と法　*117*

電通過労死事件から考える

コラム

　大手広告代理店の電通の新入社員の女性が，2015年のクリスマスに自死に至った。この事件は長時間の過重労働が原因であったとして，三田労働基準監督署は労働災害と認定した。同社では，1991年にも，男性新入社員が過労自死しており，最高裁まで争われ会社の責任が認められたが（最判平成12年3月24日民集54巻3号1155頁），同じような事件が繰り返されてしまった。2つの事件では，新入社員，上司からのパワハラ，労働時間の過少自己申告などの共通点がある。パワハラを行うような上司から高い評価を得たいがために，仕事の効率が高いと見せかけるように労働時間を過少申告したことが考えられる。新入社員の直属の上司はもちろん，使用者全体として，このような評価方法を改めるべきであるし，使用者自身が適正かつ正確な労働時間管理を行えるよう，外部相談窓口やタイムカード等の仕組みを整える必要があるだろう。

　電通では「鬼十則」と呼ばれる，法令違反もいとわない働き方を求める，いわば企業文化も問題となった。同社では残業を社員に命じる際に会社と労働組合で結ぶ協定（３６協定）が，無効の時期があったことも指摘された。労働組合の加入者の解釈に誤解があり，加入者が従業員の過半に達しておらず，協定成立の条件を満たしていなかった。これは単に同社の問題点とせず，「有名大企業でも問題があるのだから，わが社にも問題はあるかもしれない」と予防的に考えて，他山の石とすべきだろう。また，「東京五輪のため」の仕事の増加も一因とされたが，「○○のため」として何を正当化できるのかは，考える必要がある。

　違法残業は書面審理の略式起訴になるのが一般的だが，本件は裁判所の判断で，公開の法廷で審理する裁判になった。司法の場でも過重労働がこれまで以上に問題視され始めた表れといえる。東京簡易裁判所は，2017年10月6日に，労働基準法違反罪に問われた法人としての電通に罰金50万円の判決を言い渡した。社員の過労自殺を機に社会的注目を集め，「働き方改革」の議論にも影響を与えた事件について，社長が2度にわたって出廷したほか，一部官公庁の入札参加資格を数か月間失うなどのペナルティーを受けたが，罰金額は大企業にとっては極めて少額の50万円で，抑止力やバランスを疑問視する声もある。今後，罰則の強化も議論になるだろう。

CHAPTER

12

国 際 社 会 と 法

「ミサイル発射。ミサイル発射。北朝鮮からミサイルが発射された模様です。頑丈な建物や地下に避難してください。」

これは，とある日の朝，政府から発表されたJアラートの内容である。なぜ，国際社会は北朝鮮のミサイル発射を止められないのだろうか。あるいは，環太平洋経済連携協定（TPP）が締結されることで，安い外国産の農産物が入ってきて日本の農業が大きな打撃を受けるといって，国会の選挙において国を二分するような大きな争点になったこともある。TPPの影響が国内の農業にも及ぶのはなぜなのだろうか。また，日本は死刑制度を有しているため国際連合の人権理事会からその廃止を勧告されている（2017年定期審査）が，これに従っていない。日本が国際連合の勧告に従わないことは許されるのだろうか。

1　国際法とは？

　「国際社会」とは，本来「国家間」の関係を意味する。このような国際社会で国家の行動の規範となる法が「国際法」である。しかし，現代の国際法が規律する対象は国家だけでなく，国際組織やそれぞれの国家の中に暮らす個人にも及ぶ。法の主体が誰であるかということで区別されているのではなく，各国の国内事項に立ち入らない限り，国際関係に関することは全て国際法の範囲とされているのである。また，国際法は南極等を含む地球全体，さらには宇宙にまで及ぶ。

　このような国際法を作り出すのは，国家が明文の形で締結する条約と多数の国家によって繰り返された実行が義務として認識されることによって成立する国際慣習法である。条約は，合意内容が明確であるという長所を持つ一方で，各国の利害関係に大きく左右されるという欠点を持つ。多数国間条約の締結には時間がかかる（例えば，1958年に第1次国連海洋法会議が始まってから1982年の国連海洋法条約成立までにおよそ30年の年月を要した）。また，せっかく成立した条約であっても国連での投票の時点で反対に回ったり（国連海洋法条約でのアメリカ），大きな利害関係を持ちながら多数国間条約に加わらなかったり（地球温暖化に関する京都議定書での中国，パリ協定でのアメリカ），多数国間条約から途中で離脱したりする国家（核不拡散条約における北朝鮮）もいる。他方で国際慣習法は明文ではないため内容が分かりにくいという欠点があるが，国際社会の一般法としてすべての国家を拘束するという特徴を持つ。たとえば，全ての国が公海を自由に航行・利用してよいとする「公海自由の原則」がある。また，「武力不行使原則」のように特定の条約規定が遵守され確定的な国家実行として各国に認識された結果，国際慣習法に成長することもある。

　国家は相互に約束したことに拘束され，また相互に約束したこと以外の事柄によって制限されないというのが大原則である（「合意は拘束する（"Pacta Sunt Servanda"）」）。条約と国際慣習法以外にも，国家間での国際会議や国連などの国際組織の場で合意される決議・宣言，国際司法裁判所を始めとする国際裁判所による判決なども国際法を示すものとして利用されることも

ある。

国際社会のシステムも国内法における三権分立に対比できるが，それは国内法のシステムとは大きく異なる。まず，国際社会には行政機関や立法機関が存在しない。国際連合という組織は存在しているが，国際連合には平和と安全に関する事項以外で各加盟国に対して命令できるような権限はない。常に主権国家が国際法における最高権力者であるからである。また，裁判所は存在するが，国際裁判の成立についても当事国の同意を必要とし，当事国が国際裁判への付託を拒否する場合には裁判所の管轄権が認められないため裁判自体が成立しない（日本は，竹島を巡る問題を国際司法裁判所に事件を付託しようと韓国に提案したことがある（1954年，1962年，2010年）が，いずれも韓国側の拒否によって成立しなかった）。

図　国際法と国内法のシステムの違い

	行政	立法	司法
国内法	内閣（日本，イギリス） 大統領（アメリカ）	選挙で国民から選ばれた議員が構成する議会	裁判所が担当 被告の同意なく裁判可能 強制執行もある
国際法	主権国家の上に立つ行政機関なし。 各国がそれぞれの国益に従い，行動する。	主権国家の上に立つ立法機関なし。 国際連合には，各国が1票ごと有する総会と，拒否権を有する米・英・仏・露・中の常任理事国＋10カ国の非常任理事国からなる安全保障理事会があるが，総会の決議は拘束力がなく，安全保障理事会の決定は国連加盟国を拘束できるが，国際社会の平和と安全に関する事項に限定される。	国際司法裁判所では個人は出訴権を持たず，国家のみが当事者である。裁判をすること自体に両当事国の合意が必要。判決の執行には強制力がない（最終的には守られないこともある）。 その他，特定の事項を扱う裁判所（国際刑事裁判所，国際海洋法裁判所等）や地域的な裁判所（欧州人権裁判所等）が存在する。

それでは，ある国家が国際法に違反する行為を行った場合，国際法ではどのように対処するのであろうか。国内法では，相手から借りたお金を返さないなど契約に違反したり，自らの不注意から他人を傷つけたりした場合，契約の解除や損害賠償を請求できる。裁判になれば，裁判所は損害賠償をするように命令できるし，命令に従わない当事者には強制執行をすることもできる。また，その国が定める刑法に反する犯罪行為を行った場合は，警察や検察により逮捕・捜査・起訴され，裁判で有罪か無罪かを判断される。

国際法にも損害賠償や原状回復といった責任の解除方法が存在する。これは被害国が加害国の責任を提起し，その責任を加害国が認めれば，損害賠償金を支払うあるいは国際法違反の前の状況に戻すことで解決できる。しかも損害賠償だけでなく陳謝や再発防止の保証等その方法もさまざまである。

ところが，国際法には「警察」も存在しなければ，前記の通り裁判が成立しないことさえある。さらにはたとえ裁判の判決が出ても裁判所の判決を履行しないと当事国に宣言されることもある（フィリピン対中国南シナ海仲裁（2016年）では，翌日に中国が「判決は無効であり，法的拘束力を有しない」とする声明を発した）。しかし，国際法は各国が決定権（主権）を行使した内容について，強制的に違法行為を中止させることができない。かつては，強制的に違法行為を中止させるために戦争が用いられていたが，武力行使が禁止された現代の国際法ではそのようなことは認められない。北朝鮮に武力を用いた威嚇にもあたるミサイルの発射を直ちにやめさせることができないというのは，このような国際法の性格，つまり強制力がないという性格によるのである。そして，これが国内法との大きな違いであるといえよう。

とはいえ，国際法も「法」として各国によって尊重されているし，国際司法裁判所の判決もほとんど誠実に履行されている。「法」がなければ，大いに異なる国際社会の構成員をまとめることはできず，相互に異なる国家の間にルールが必要なのは明らかだからである。異なる国内法を持つ国々をとある１つの国家の国内法でまとめることはできない。そこに国際社会に固有の国際法が求められる余地がある。様々な政治・経済・イデオロギー・宗教・言語などの違いを内包しつつ刻々と変化する国際社会からの要請に柔軟に対応しつつ，国際社会としての秩序を構築できるかが国際法に求められている

役割なのである。

2 国際法の基本原則

主権平等原則

　明確な領土，そこに居住する一定の住民，実効的な支配を行う政府（加えて，外交関係を結ぶ能力）の要件（国の権利及び義務に関するモンテビデオ条約（1933年））を備えた国家は，他の国家の承認を必要とせず主権国家として認められる（国家承認の宣言的効果説。これに対して他国の承認がなければ国家として成立しないという創設的効果説もあるが，現在は一般的には通説とされていない）。このように成立した主権国家は，法的に相互に平等・対等であるという原則である。その対等な関係は，法の適用，法の定立，規範内容に及ぶ。例えば，国際法が適用される場合，国の大小や経済力の強弱によって適用範囲が変わるということはない。また，国際会議で条約を採択する場合に国の大小にかかわらず1国に1票が与えられ，国際組織の決議はどの国家が提案してもよい。さらに，国際法規則で創設される権利義務の内容は，すべての国家に対して同じでなければならない。しかし，この場合でも，国家が自ら義務に差異を設けて条約を締結することは可能である。たとえば，地球温暖化に関する京都議定書（1997年）では各国が協力して温室効果ガスの排出を削減しなければならない義務を負うものの，これまで多く排出してきた先進国の責任の方が途上国よりも重いのであって，先進国がより多く削減義務を負うとする「共通だが差異ある責任」を設けている。

国内問題不干渉原則

　各国は自国の国内問題（国内管轄事項）を自由に処理・決定できる権限を有し，自国の国内法を一定範囲内の人・財産または事実に対して適用し，行使することができる。この権限を国家管轄権という。国家は他国の国内管轄事項に踏み入って，その国家の管轄権を侵害してはならない（ローチュス号事件，常設国際司法裁判所，1927年）。たとえば，外国が日本に輸出する品物について，日本の同意なしに日本で適用される関税を0％にすることを要求できない。また，たとえ国際人権条約上の義務に従っていない国であって

も，国連が強引に国内の制度を修正することはできない。いうまでもなく，国際条約を履行させるためでも，武力による強制手段を用いて行われた干渉行為は違法である（ニカラグア事件，国際司法裁判所，1986年）。日本が死刑制度を犯罪抑止に効果的であるとして維持しているように，各国は自国の国益と照らし合わせて国際法の遵守方法を選択しているのである。

国家の管轄権は三権分立に従って，立法・裁判・執行の管轄権に分類される。国家管轄権は，原則として自国の領域に適用される（属地主義）が，自国に登録されている船舶や航空機内での行為（旗国主義）や被害者・加害者が自国民である場合（属人主義），どこの場所で行われたかあるいはどこの国の国籍を有するかに関わらず適用される場合（普遍主義）などの基準も認められている（ただし，普遍主義は限定的）。

ところが，人の移動や取引が国内に限定されない現代の国際社会では，様々な基準で適用される国家の管轄権同士が競合するようになった。公海上でA国の船舶の乗組員であるB国人とC国人が争い，B国人が殺害される事件が発生したという場合を想定してみよう。旗国主義によるA国の管轄権と，属人主義を主張するB国およびC国の管轄権が競合することになるのである。この問題の解決にあたってはどこの国が管轄権を適用するべきか，その調整が必要とされる。

また，各国の国内管轄事項自体も，グローバリーゼーションの進展により狭くなっていると言われる。たとえば，2009年には日本が国連でのソマリア沖海賊の取り締まりに参加し，海賊を訴追するための海賊処罰法が制定され海賊に関する罪が新設された。本来，何が国内で裁かれる犯罪にあたるかは日本の国内管轄事項であるが，国際社会での法の発展によって，国内法も大きな影響を受けているのである。

領域主権と領土保全原則

国家によって領有されその国の支配に服する地域にはいかなる他の国も主権を及ぼすことができない。このような領域に対して国家が有する排他的な権利を領域主権という。領域主権には，国家が自ら所有するものとして排他的に使用・収益・処分する権利と，自国領域内にいるすべての人・物に対して包括的な支配を及ぼす権利が含まれる。領域国は自国が排他的に領域を管

理する反面，自らあるいは領域内の私人による国家領域の利用によって他国の領域主権やその他の国際法上の権利を害する結果にならないよう，国際法上特別の注意義務が課される。これを領域使用の管理責任という（トレイル熔鉱所事件，カナダ・米仲裁，1941年）。

　また，このような領域主権の性質から，各国は他国が主権を及ぼす領域を侵してはならず，相互に他国の領土保全を尊重し，他国の内政に介入したり妨害したりすることを差し控えなければならない。これを領土保全原則という。そして，領土が戦争に勝利した国家に割譲・占領された歴史から，この原則は武力によって他国の領域に干渉することの禁止や政治的独立とも結びつけられる国際法上の基本原則である。

武力不行使原則と紛争の平和的解決義務

　国際法においてかつて戦争は合法であった。国際法に違反する国家に対して違反を是正するために「正しい」戦争を行うことが許されていた（正戦論）。時を経て，戦争を「正」・「不正」で判別することは不可能であるとして，戦時と平時に異なる国際法を適用することで対処したが，戦争を禁止する国際法はなかった。

　国際法において戦争そのものを禁止しようする試みは第1次世界大戦の悲劇を経験した国際社会が平和のために創設した国際連盟（1920年）に始まる。国際連盟規約は戦争を完全に禁止することはできなかったが，戦争を紛争の最終的解決手段として位置づけ，連盟理事会への審査や裁判等の平和的手段によって紛争が解決された場合には戦争に訴えることを禁止した。その後，自衛以外の戦争を原則として禁止した1928年の不戦条約を経て，1945年に国際連合憲章2条4項という戦争に至らない武力行使をも禁止する規定に結実したのである。

　国連憲章2条4項は「すべての加盟国は，その国際関係において，武力による威嚇又は武力の行使をいかなる領土保全又は政治的独立に対するものも慎まなければならない」と定める。憲章第7章に基づき安全保障理事会がとる集団的安全保障による強制措置と，51条の各国の（個別的・集団的）自衛権のみを例外として，各国の武力による威嚇と武力行使を一般的に禁止しているのである。安全保障理事会はある事態を「平和に対する脅威」や「平和

の破壊」「侵略行為」と認定（憲章39条）し，違反国の外国財産やその指導者の外国財産の凍結，特定品の取引の禁止等を含む経済制裁など兵力を伴わない措置を取ることを決定できる（同41条）。この措置でも解決できない場合，国連は加盟国から兵力を提供してもらうことによって国連軍を組織することができる（正規の国連軍，同42条）。しかし，実際には1950年の朝鮮戦争以外で，正規の国連軍が組織されたことはなく，安全保障理事会が「平和に対する脅威」等の認定をした事態について，有志の国家連合が紛争地域に攻撃を行う権限を安保理から与えられる場合（1990年湾岸戦争，2003年イラク，2014年シリアなど）や紛争の終わった地域に入って紛争が再開されないよう停戦協定・選挙の監視等平和の下地を作る平和維持活動（PKO）など，国連憲章には予定されていなかった状況が生じている。日本も国連加盟国として，41条に基づく経済制裁（たとえば，北朝鮮やイラン）に参加することで，国際社会の平和と安全の措置に参加している。また，自衛隊もPKOに参加して，国際社会の平和に貢献している（たとえば，ハイチ，南スーダン）。

　国連憲章2条3項が「すべての加盟国は，その国際紛争を平和的手段によって国際の平和及び安全並びに正義を危うくしないように解決しなければならない。」と規定するように，国際紛争の平和的解決は武力行使の禁止と表裏一体をなす。国際法は武力行使の禁止と並行して，国際紛争を解決する手段として司法裁判を始めとする紛争処理手続を整備してきた。とりわけ司法裁判については，国際司法裁判所が国際社会の「主要な司法機関」の役割を担う。国際司法裁判所では国家のみが当事者となる裁判のほか，国連の機関や総会の許可を得た他の専門機関が意見を求めることもできる。国際社会には，国連海洋法条約に基づく国連海洋法裁判所や個人の武力紛争における犯罪を裁く国際刑事裁判所，世界貿易機関に設置された紛争解決パネル（小委員会），国際投資において損害を被った企業が投資受入国を訴えることを可能にする国際投資紛争解決センター等様々な国際裁判所が用意され，多様な紛争解決手段の選択を可能にしている。また，アジアを除く地域には地域的な人権裁判所が設立され，管轄下の人権侵害を解決するため個人自らが訴えることを可能にしている。これらの国際裁判所は，紛争の平和的解決のほ

か適用すべき国際法の内容を明らかにすることも任務の1つとしている。

人民の同権と自決の原則

「すべての人民は，その政治的地位を自由に決定し並びにその経済的，社会的及び文化的発展を自由に追求する」権利を有する（国際人権規約共通1条）。この権利を人民の自決権という。この権利の尊重が国連の目的の1つとされ（国連憲章1条2項），戦後の植民地支配からの独立の際に大いに役立った。今日でも自治地域とされていた地域が分離・独立して新国家になる際に用いられる（2010年のコソボ独立）。これを「外的自決」という。しかし，人民が自決権を行使すれば直ちに国家として分離独立が認められることを意味するわけではない。新国家が乱立しないよう領土保全原則が自決権に優位すると考えられている。たとえば，2017年のスペイン・カタルーニャ州の独立宣言の報復措置として，スペイン政府は州の自治権を停止した。また，カタルーニャ州首相を初めとして数人の議員を国家反逆の罪で逮捕しようとしているとの報道もなされた。しかし，国内で人民が政治的な抑圧状態にあり，あるいは大規模な人権侵害を受け，自己決定権が行使できないような特別の状況にあるとき，救済的な分離独立が認められるという考え方もある。

ところで，人民の自決とは新国家になるための分離独立だけをさす原則ではない。すべての人民が政治的・経済的・社会的・文化的発展を追求することが達成されるべきであるから，国内法のプロセスの中で政治的な意思決定に参加していくことができるよう主張することも含むのである（内的自決）。日本でも沖縄県について，米軍基地の問題に関して自己決定権が十分に尊重されていないとして，内的自決の問題が取り上げられることがある。このように自決権については，主権国家の枠組を超えて「人」に与えられた権利が問題とされているのである。

3　「協調」の国際法から「協力」の国際法へ

近代の国際法は，国家の「主権」は絶対であり，何ものもこれを制限することはできないとしていた。したがって，国際法は紛争の発生を極力回避するための法であり，消極的な国家間関係の調整機能しか持たない法であっ

た。そこでは国際社会のために統一の規範を作り出すことが目的とはされなかった。また，自国が国際法上の義務を守る条件として相手の国家も同様の義務を負うことが必要とする（相互主義）としたり，他国に特権を付与したのであれば，同様の待遇を自国にも与えるよう条約に規定したりしていた（最恵国待遇）。相互の合意に基づいて締結された条約はたとえどんな内容であっても有効に成立するものであった（たとえば，日米修好通商条約）。

　しかし，国際社会の進展に伴い，国際法が対象とする事項も飛躍的に拡大する中で，国際法は「国際共同体の法」としての性格を有するようになった。例えば，環境問題では国家の条約違反を厳しく追及するのではなく，違法行為が地球環境全体に影響を与えることを避けるために，条約義務の不遵守国を援助することで，すべての締約国による条約義務の履行を目指すシステムが作られている（たとえば，1992年オゾン層保護に関するモントリオール議定書）。マグロをはじめとする漁業資源については，公海での漁業資源の枯渇を防ぐため，多数国間条約で資源の保存管理が行われるようになっている。自由貿易の促進のため，貿易の障壁となる各国の関税の撤廃を推奨する制度も登場した（たとえば，GATT や TPP）。また，拷問や奴隷取引，アパルトヘイトの禁止などは国際社会全体に対する義務（バルセロナ・トラクション事件，国際司法裁判所，1970年）として，相互主義を問題にしない。とりわけ，国際的な人権保障に関する法は個人の国籍を問題にせず管轄下にいるすべての人に人権を保障することを認めており，国家を中心にしてきたこれまでの国際法にとって大きな転換点となっている。現代の国際法は各国の利益調整のためだけではなく，「国際共同体の法」としての機能を強化し続けているといえよう。

第 12 章　国際社会と法　*129*

コラム

「国際私法」

　外国のサイトで商品を買った場合や外国籍の人と結婚をする場合，私たちはどこの国の法に従うのだろうか？それとも，それぞれに関する国際法があるのだろうか？特別に条約がある場合を除けば，国際（公）法はこのような問題を対象とはせず，国際社会に共通の民事法はない。国を超えた司法上の法律紛争を扱っている固有の裁判所もない。そのため，こういった問題は各国の国内裁判所による民事訴訟によって解決されることになる。これは当事者にとっては非常に大きな問題である。言語も違えば，法律も司法制度も違う。どこの国で訴訟が行われるかによって，結果が大きく異なってしまうかもしれないのだ。「どこの国の法律に基づくか（準拠法の問題）」そして「どこの国で訴訟が行われるか（国際裁判管轄の問題）」を決定するために用いられる法，これが「国際私法」である。日本では，「法の適用に関する通則法」という法律によって，国を超えた法律問題に日本法を適用するか，その訴訟を日本の裁判所が扱うべきかを決定している。

CHAPTER 13

新しい法分野

　法学部2年生のA君は，3年生からのゼミナールの選択について悩んでいる。いわゆる基本六法科目の重要性はもちろん認識しているが，大学の短期研修で訪れたドイツでの体験から，どうも憲法や民法とは異なる，どちらかというとそのような分野の周辺にある「法的な問題」の存在が気になっている。ドイツでは，ペットボトルやビンのリサイクルが徹底的に実施されているのを目の当たりにして，しかし，そこにはリサイクル費用の負担をめぐる法的問題があることを知った。また，某有名自動車メーカーの工場見学では，自動車の製造過程の説明の中で，エンジンや車体の各種技術だけでなく，車のデザインも法的保護の対象となっていると聞いて興味を持った。続いて訪れたドイツ連邦憲法裁判所では，判事さんから，EUでは「忘れられる権利」に関する立法が進んでいることを聞き，帰国して調べたところ，わが国の最高裁ではこれを否定する判決が出ていた。また，同じ判事さんから，「日本では婚姻によって女性側の姓が強制的に変更させられると聞いたがなぜか？」と尋ねられた。しかし，A君は，「男性側が変更する場合もありますよ」とだけ述べて，肝心の「なぜ？」という質問には，自分でもよくわからなかったので答えられなかった。いずれも非常に興味深い問題であるが，どのゼミナールで学ぶことができるのかがよくわからない。A君の悩みは，ますます深まるばかりである。

1 先端法学・新領域法学

　A君が，ドイツで体験して感じた「法的な問題」は多岐に及んでいる
が，最近は，これらの法現象をまとめて，「先端法学」あるいは「新領域法
学」と称している。これらの新しい法分野のことを，一般法と特別法との関
係になぞらえて説明することがあるが，それは決して正しい理解とはいえな
い。先端法学や新領域法学には，複数の既存の法分野で議論されてきた問題
が集積して発展生成したものもあれば，全く新しく生成してきたものもあ
る。いずれにせよ，先端法学や新領域法学は，数百年以上の学問的蓄積を有
し，しっかりとした法体系が存在する憲法，民法，刑法のような伝統的な法
分野とは異なり，まだまだ基本原則や法体系の構築のところでの議論が行わ
れ，法の対象となる領域が定まっていない状態にあることが多い。

　A君がいう「法的な問題」を，現在研究や教育が行われている新しい法
分野に当てはめてみよう。「リサイクル費用の負担をめぐる法的問題」は
「環境法」，「車のデザインの法的保護」は「知的財産法」，「忘れられる権利」
は「情報法」，「婚姻による姓の変更の是非」は「ジェンダー法」という分野
で，それぞれ議論され，研究されている問題である。これらのうち，環境法
と知的財産法は，すでに司法試験の選択科目となっており，その意味では，
もはや新しくはないのかもしれない。このほかにも，「医事法」，「法と経済
学」あるいは「ペット法」という分野も登場してきているが，本章では，法
学部や法律系学科において科目として設置されていることの多くなってき
た，「環境法」，「知的財産法」，「情報法」，「ジェンダー法」の4分野につい
て簡単に紹介しよう。

2 環境法

　環境法とは，文字通り環境に関する法分野である。しかし，多くの既存の
法分野が，各国内で比較的独自に発展生成してきたのに対して，環境法の大
部分は国際社会の合意形成によって発展生成してきたといえる。

　1992年に各国首脳はブラジルのリオ・デ・ジャネイロに集まり，地球環境

問題に対処するための「環境と開発に関する国連会議（国連地球サミット）」を開催し，持続可能な開発に向けた地球規模での新たなパートナーシップの構築に向けた「環境と開発に関するリオ・デ・ジャネイロ宣言」（リオ宣言），これを具体的に実現するための行動計画である「アジェンダ21」および「森林原則声明」が合意され，さらに「気候変動に関する国際連合枠組条約」と「生物の多様性に関する条約」等が採択された。わが国を含めた各国は，リオ宣言等の合意事項に即して国内法の整備に努めて行くことになった。とくに，立法の根幹をなす基本原則として，「持続可能な発展」，「汚染者負担の原則」，「予防原則」，「環境権」などが確認された。しかし，これらの原則を各国が一様に導入して立法を行うことは難しく，原則に対する例外が数多く生み出されることになる。A君がドイツで見知った，リサイクル費用の負担をめぐる法的問題は，「汚染者負担の原則」をどこまで貫くのかという問題となって現れてくる。わが国は，1993年に「環境基本法」を制定し，大気汚染，水質汚濁，土壌汚染，悪臭，騒音，振動，地盤沈下の典型7公害について，それぞれ個別法によって対応して行くことになった。

　他方で，各国は，1992年の国連地球サミットを契機として初めて環境法の整備を始めたわけではなく，19世紀になって産業革命が進行するとともに，鉱工業に起因する被害者の救済や，大気汚染や水質汚濁等による生活空間への影響が深刻化し，これらの諸問題への法的対応が求められてきた。わが国も，1950年代以降，産業の発展とともに人の生命や健康に対する被害が拡大し，いわゆる四大公害事件などの大規模な公害訴訟事件も頻発した。とくに，一連の公害訴訟は，これまでの民法における損害賠償に関する理論を進化させ，公害被害を発生させないための規制法，すなわち行政法分野の研究領域を拡大させた。その意味では，わが国の環境法は，民法（とくに不法行為法）や行政法を基礎として発展してきたといえる。

3　知的財産法

　われわれの日常生活は，いまや多くの最先端技術等を駆使して開発された電化製品なくして成り立たない。しかし，身の回りにある家電製品のどのあ

たりが最先端技術等であるのかについては，意外と無知であることが多い。ましてやその技術等がいかなる法的権利を有するのかについては想像すらできないであろう。

たとえば，いまこの文章を作成するために使用されているノート・パソコンであるが，液晶画面の裏側には，メーカーの名前とともに，この機種独自のブランド名が記されている。このブランド名は法律上「商標」とよばれ，「商標法」に規定された基準を満たせば，特許庁に登録されて「商標権」という権利が発生する。また，このパソコンは見た目のデザインがよく，売上を飛躍的に伸ばしたと仄聞している。このデザインを「意匠」とよび，商標と同様に「意匠法」という法律に基づいて権利が発生する。ちなみに，A君がドイツの自動車工場見学で興味を抱いた「車のデザインの法的保護」は，この意匠法に関わるものである。

さらに，このパソコンの内部にも多くの権利が存在する。このパソコンを解体したことはないが，おそらく解体して最初に目にするのはパソコンの心臓ともいえるCPUであろう。当然のことではあるが，CPUだけではパソコンは作動せず，各種メモリーやハードディスク，モーターやバッテリーなどが存在する。これらはいずれもメーカーが開発した多くの技術が凝縮されたものであって，「特許法」に基づく「特許権」または「実用新案法」に基づく「実用新案権」が発生する。なお，CPUはLSI（集積回路）でできており，このLSIのレイアウトを登録すれば，「半導体集積回路保護法」に基づいて「集積回路配置利用権」という権利が発生する。

もちろん，パソコンはCPUやハードディスクだけで機能するものではなく，適切なソフトウェアやデータ・ベースの存在が必要となる。このようなソフトウェアやデータ・ベースによって，パソコンの画面には様々な文章，図形，アニメーションが表示され，さらに音声や音楽や動画も流れることになる。これらの文章，図形，アニメーションはもとより，ソフトウェアやデータ・ベースも「著作権法」の要件を満たすことで「著作物」とよばれ，特許権等とは異なり，とくに登録を必要とせずに「著作権」という権利が発生する。このように，ノート・パソコンひとつをとって見ても多くの先端技術等が存在し，それぞれに何らかの法律上の権利が存在するのだが，これら

第 13 章　新しい法分野　*135*

の権利を総称して知的財産権であり，この権利の発生要件や保護要件を規律
しているのが知的財産法である。

4　情報法

　いまや情報技術は，われわれの社会基盤の根幹をなす重要な構成要素のひ
とつであるといってもよいだろう。そうなると，情報技術の利用や情報その
ものをめぐって，何らかのトラブルが発生することは必然的である。情報法
は，情報あるいは情報技術に関するさまざまな問題を解決するために登場し
たのだが，情報法という法律が存在しているわけではなく，もともとは憲
法，刑法，民法などの既存の法のなかで個別具体的に対応してきた。とく
に，プライバシー保護の考え方が社会や時代の発展とともにより厳しくなる
と，個人に関わるさまざまな情報をいかに保護するのか，具体的には，住所
や電話番号，家族構成や学歴，嗜好や病歴などについて，これを容易に他人
に知られないようにするための法的措置が講じられるようになってきた。
2003年に制定された「個人情報の保護に関する法律（個人情報保護法）」な
どはその最たる立法事例であろう。また，情報化社会の到来とともに，ソフ
トウェア制作やプロバイダなどの，情報を作成し，収集し，編集し，配信す
る事業が現れ，これらが集積し，産業化して一業界を形成すると，その業種
や業界を規律する法律が必要とされるようになってきた。2001年に制定され
た「特定電気通信役務提供者の損害賠償責任の制限及び発信者情報の開示に
関する法律（プロバイダ責任法）」や，「電子消費者契約及び電子承諾通知に
関する民法の特例に関する法律（電子消費者契約法）」などは，情報業界を
規律するとともに，そこに関わる利用者や消費者の保護も企図している。

　さらに，真に開かれた市民社会の実現には，政府をはじめとする行政機関
が保有する情報が適切に開示されなくてはならず，われわれ市民はその開示
を請求する権利を有していると考えるべきである。わが国では，まだ憲法上
の権利として「知る権利」は認知されていないが，1997年に「情報公開法」
が制定されている。政府機関が保有する情報を，市民の請求を待たずして積
極的に，わかりやすく開示しようとするのは世界的な趨勢である。他方で，

安全保障に関わる情報のうち，特に秘匿することが必要であるものを「特定秘密」として指定し，取扱者の適性評価の実施や漏えいした場合の罰則などを定めて，2013年に制定された「特定秘密の保護に関する法律（特定秘密保護法）」などは，国際的な潮流に逆行するものとして大いに批判されるべきであろう。

　さて，A君がドイツで見聞した「忘れられる権利」は，情報法が扱うべき先端的な問題であるといってよいだろう。この問題は，フランス人女性がGoogle社に対して，過去の写真の消去を求めて提訴したところ，2011年にEU（欧州連合）司法裁判所において削除を求める判決が出されたことに端を発して全世界に広まった。この判決が契機となって，EUでは，「忘れられる権利」に関する法律制定の動きが始まり，2012年の「EUデータ保護規則案」において，「忘れられる権利」がはじめて明文化された。しかし，わが国の最高裁は，過去の犯罪歴が表示される検索結果の削除を求めた事例において，削除を認めない決定を出している（最判平成29年１月31日民集71巻１号63頁）。このように，欧州とわが国とでは全く異なる結果が出ているが，なぜこのように対局の結果になったのかについては，情報法の分野で今後さらに研究してみる必要があろう。

5　ジェンダー法

　わが国では，選挙になれば，一定年齢に達した老若男女のいずれもが，自らが推す候補者に１票を投じることができ，規定の年齢に達していれば立候補もできる。性別や門地，学歴や所得の多寡にかかわらずに政治に参加できるという極めて当たり前の光景も，法学の長い歴史から見れば比較的最近のことであって，わが国において女性参政権が認められて，男女ともに20歳以上で選挙権を有するようになったのは1945年のことである。これは，GHQの指令により衆議院選挙法が改正されたことによるもので，翌年の衆議院総選挙でわが国の初の女性議員39名が誕生した。また，さらに歴史をさかのぼると，いまでは万人に共通普遍の人権も，1789年のフランス人権宣言時のそれには女性は含まれてなかった。

このようにしてみると，男女がその性差を意識せずに日常生活を送ることができるという状況は，決して昔から当然に存在していたわけではない。また，近時では，男女の差だけではなく，LGBTのようなセクシャル・マイノリティの存在についても，これが確認され，社会的に意識することなく受け入れるべきであるとされてきている。

法は差別を是正し正義を実現するためのものであるが，法が女性やLGBT等のセクシャル・マイノリティにとって差別を是正する役割を果たしておらず，彼らにとっての正義が実現されていないという問題を解決するためにジェンダー法は存在する。ここで注意すべきは，ジェンダー法によっていずれかひとつに均一化した社会を実現するわけではなく，差異を差異のまま受け入れ，お互いの存在を認めて利益を享受できる社会を実現することに視点を置かなければならないということである。また，ジェンダー法という法の制定を目指すわけでもなく，ジェンダーの視点から法を見直すことが肝要である。そのため，ジェンダー法はすべての法分野に関係するが，とくに，国際法，憲法，民法，刑法，労働法などと大いに関係し，これらの法を批判的に検討することが研究の中心的作業となる。

じつは，わが国の現行民法は，国際社会から見れば，ジェンダー法的にいまだにいくつかの問題を抱えており，これらを司法によって少しずつ是正してきている。たとえば，2013年に最高裁判所は，非嫡出子（法律上の婚姻関係にない男女の間に生まれた子）の法定相続分を嫡出子（法律上の婚姻関係にある男女の間に生まれた子）の2分の1とした民法900条4号但書前半部分の規定が，「法の下の平等」を定める憲法14条の規定に違反しているという決定を下した（最大決平成25年9月4日民集67巻6号1320頁）。これにより，民法の当該部分は，2013年12月に立法によって削除された。

また，2015年には，やはり民法における男女の性差に基づく条文に関わる条文をめぐって注目すべき2件の判決が下された。ひとつは，「女性についてのみ6か月間の再婚禁止期間を定める民法733条1項について，うち100日間を超える部分は違憲である」とした判決（最大判平成27年12月16日民集69巻8号2427頁）である。この民法の規定は，離婚後に生まれてくる子どもの父親についてのトラブルを防ぐために，明治時代に設けられたものである

が，DNA鑑定によって親子関係が容易に判断できる今日にあっては，ただの差別的規定になっていたといえよう。もうひとつは，「夫婦は，婚姻の際に定めるところに従い，夫又は妻の氏を称する」と規定する民法750条は憲法に違反するか否かが争われた事案についての判決で，最高裁判所は「夫婦同姓は合憲」とする判決を下している（最大判平成27年12月16日民集69巻8号2586頁）。憲法24条は，「婚姻は両姓の合意に基づいて成立」すると規定しているのに対して，民法750条は姓の選択について当事者に強制的に二者択一を迫っており，これは矛盾しているように思われる。しかし，最高裁は，「婚姻の際に「氏の変更を強制されない自由」が憲法上の権利として保障される人格権の一内容であるとはいえないとして，違憲の訴えを退けた。多くの婚姻において，形式的には男女どちらの姓でもよいとされているが，実際はほとんどの夫婦が男性の姓を選択しており，そこに夫婦の合意形成はほとんどみられず，慣習的にあるいは惰性的に決定されているように思われ，本質的な社会平等が実現していないのではないだろうか。国際的には，夫婦別姓を認めるのが主流となってきており，日本は国連の女性差別撤廃委員会からたびたび「法律を改正して別姓でも問題ないようにすべきである」と勧告されていることを意識したい。A君が，ドイツの判事からの質問に十分に回答できなかったのは，無知というよりも，無意識によるものであろう。われわれの自己決定を，ありのままに受け入れることができる社会を構築すべく，ジェンダー法は既存の法と批判的に向き合わなければならないのである。

「負動産？」

コラム

　今日の社会は，未知の技術やアイディアが急速に生まれることにより
発展しているといっても過言ではない。それに伴って，新しい法制度が
必要になっていることは，本文でも紹介したとおりである。しかし，法
制度への影響は，新しく誕生するものだけでなく，われわれの既存の価
値観や人生観の変化によっても生じる。

　たとえば，建物の所有者が，血縁者が誰もいないままに独り亡くな
り，あるいは行方が不明な場合に，建物が老朽化して撤去が必要になっ
ても，いちおう誰かの財産である以上は自治体等が勝手に処分すること
はできない。最近とみに人口に膾炙している，「空き家・空き地問題」が
それである。この問題は，隣地にも大いに迷惑を及ぼすことがある。民
法233条は，隣地の竹木が越境してきた場合について，根は切り取って
よいが（同条２項），枝は隣地の竹木の所有者に切除させることができ
る（同条１項），と異なる対応をしている。この時，隣地所有者が不明
であったりすると，枝が伸びてきて困っている人は，民法233条１項の
規定により，いつまでも困り続けることになる。

　さらに，近時は，バブル景気時に売り出された別荘地などの所有者
が，買った時よりもはるかに安い費用で，しかも多額の手数料まで業者
に支払って買い取ってもらう事例もでてきている。このような物件は，
「負動産」と称して揶揄されており，所有者からすれば所有権をごみのよ
うに放棄したいであろう。しかし，現行の民法には「所有権の放棄」に
関する規定は存在せず，むしろこのような現象は想定外であった。わが
国では，伝統的に土地や建物という不動産は，きわめて重要で価値ある
財産とみなされてきたが，少子高齢化に伴う人口減少社会の到来によっ
て，むしろ処分に困る厄介なものという存在になりつつある。このよう
な問題に対して，既存の法の解釈で対応するのか，それとも新たな立法
によって解決するのか，法学は新たな転機に差しかかっている。

事項索引

(あ)

安全・・・・・・・・・・・・・・・・・・・・・・ 23
安全保障理事会・・・・・・・・・・・・・ 125

(い)

違憲審査権・・・・・・・・・・・・・・・・・ 18
違憲立法審査権・・・・・・・・・・・・・・ 8
慰謝料・・・・・・・・・・・・・・・・・・・・ 72
意匠権・・・・・・・・・・・・・・・・・・・・ 89
意匠法・・・・・・・・・・・・・・・・・・・ 134
一般意思・・・・・・・・・・・・・・・・・・ 15
一般的予防刑論・・・・・・・・・・・・・ 102
一夫一婦制・・・・・・・・・・・・・・ 79, 81
違法性（刑事）・・・・・・・・・・・・・ 100
違法性（民事）・・・・・・・・・・・・・・ 72
医療・・・・・・・・・・・・・・・・・・・・ 106
因果関係・・・・・・・・・・・・・・・・・・ 72
姻族・・・・・・・・・・・・・・・・・・・・・ 78
インフォームド・コンセント・・・・ 106

(お)

応報刑論・・・・・・・・・・・・・・・・・ 102
親子関係・・・・・・・・・・・・・・・・・・ 81

(か)

解散権・・・・・・・・・・・・・・・・・・・ 17
会社法・・・・・・・・・・・・・・・・・・・ 93
解除・・・・・・・・・・・・・・・・・・・・・ 64
下級裁判所・・・・・・・・・・・・・・ 17, 43
家訓・・・・・・・・・・・・・・・・・・・・・ 11
過失・・・・・・・・・・・・・・・・・・・・・ 71
過失責任主義の原則・・・・・・・・・・ 68
株式・・・・・・・・・・・・・・・・・・・・・ 94
株式会社・・・・・・・・・・・・・・・・・・ 93
株式譲渡自由の原則・・・・・・・・・・ 94
株主・・・・・・・・・・・・・・・・・・・・・ 94
株主総会・・・・・・・・・・・・・・・・・・ 94
環境法・・・・・・・・・・・・・・・・・・ 132
慣習刑法の禁止・・・・・・・・・・・・・ 103
慣習法・・・・・・・・・・・・・・・・・・・・ 6
監督責任・・・・・・・・・・・・・・・・・・ 74

(き)

議院内閣制・・・・・・・・・・・・・・・・ 17
危険責任・・・・・・・・・・・・・・・・・・ 69
帰責事由・・・・・・・・・・・・・・・・・・ 70
起訴便宜主義・・・・・・・・・・・・・・・ 43
規範・・・・・・・・・・・・・・・・・・・・・・ 2
基本的人権・・・・・・・・・・・・・・・・ 18
義務履行確保・・・・・・・・・・・・・・・ 31
教育を受ける権利・・・・・・・・・・・・ 21

協議離婚・・・・・・・・・・・・・・・・・・ 80

行政規則・・・・・・・・・・・・・・・・・・ 28
行政計画・・・・・・・・・・・・・・・・・・ 30
行政契約・・・・・・・・・・・・・・・・・・ 30
行政行為・・・・・・・・・・・・・・・・・・ 27
行政裁量・・・・・・・・・・・・・・・・・・ 27
強制執行・・・・・・・・・・・・・・・・・・ 39
行政指導・・・・・・・・・・・・・・・・・・ 29
行政争訟・・・・・・・・・・・・・・・・・・ 33
行政訴訟・・・・・・・・・・・・・・・・・・ 33
行政手続・・・・・・・・・・・・・・・・・・ 32
行政不服審査制度・・・・・・・・・・・・ 33
行政立法・・・・・・・・・・・・・・・・・・ 28
強制力・・・・・・・・・・・・・・・・・・・・ 2
競争法・・・・・・・・・・・・・・・・・・・ 90
共通だが差異ある責任・・・・・・・・ 123
金銭債権・・・・・・・・・・・・・・・・・・ 53
金銭賠償の原則・・・・・・・・・・・ 68, 76

(く)

具体的事実関係・・・・・・・・・・・・・・ 8
国の唯一の立法機関・・・・・・・・・・・ 16

(け)

経済的自由・・・・・・・・・・・・・・・・ 20
刑事裁判・・・・・・・・・・・・・・・・・・ 41
刑罰・・・・・・・・・・・・・・・・・・・・ 101
契約・・・・・・・・・・・・・ 14, 31, 52, 58
契約社員・・・・・・・・・・・・・・・・・ 113
契約の自由・・・・・・・・・・・・・・・ 3, 59
結婚・・・・・・・・・・・・・・・・・・・・・ 79
血族・・・・・・・・・・・・・・・・・・・・・ 78
検察官・・・・・・・・・・・・・・・・・・・ 43
権利能力・・・・・・・・・・・・・・・・・・ 49
権利の濫用・・・・・・・・・・・・・・・・ 48
権力・・・・・・・・・・・・・・・・・・・・・ 14
権力分立・・・・・・・・・・・・・・・・・・ 14

(こ)

故意・・・・・・・・・・・・・・・・・・・・・ 71
行為規範・・・・・・・・・・・・・・・・・・・ 5
公害・・・・・・・・・・・・・・・・ 31, 75, 76
公海自由の原則・・・・・・・・・・・・・ 120
公共体・・・・・・・・・・・・・・・・・・・ 14
公共の福祉・・・・・・・・・・・・・・・・ 26
公権力の行使・・・・・・・・・・・・・・・ 26
抗告訴訟・・・・・・・・・・・・・・・・・・ 33
工作物責任・・・・・・・・・・・・・・・・ 68
合資会社・・・・・・・・・・・・・・・・・・ 93
公序良俗・・・・・・・・・・・・・・・・ 6, 60
更新・・・・・・・・・・・・・・・・・・・・・ 63

構成要件······················100
交通事犯······················104
合同会社·······················93
公法····························3
後法····························4
合名会社·······················93
国際慣習法·····················120
国際裁判管轄···················129
国際連合······················121
国際連盟······················125
国政調査権·····················16
国内問題不干渉原則·············123
国民····························14
国民主権·······················15
個人の自由······················3
国会····························16
国家管轄権·····················124
国家刑罰権·····················102
国家三要素説····················14
国家賠償制度····················34
国家補償·······················34
婚姻····························79
婚姻適齢·······················79
コンプライアンス···············108

（さ）

最恵国待遇·····················128
罪刑法定主義···················103
債権····························52
最高裁判所··················17, 43
再婚禁止期間···············79, 137
財産権··························48
裁判員制度······················44
裁判外紛争解決制度···············39
裁判官··························43
裁判規範························5
裁判所··························17
裁判の法創造機能·················9
裁判離婚························80
裁判を受ける権利················39
債務不履行··············54, 64, 69
差額説··························72
産業革命························59
産業財産権······················89
参審制度························44
三方一両損······················6

（し）

自衛権························125
ジェンダー法···················136
死刑···························101
自決の原則····················127
事後法の禁止···················103
事実の因果関係··················73

実親子関係······················81
失踪宣告·······················83
実体法··························4
実用新案権··················89, 134
実用新案法·····················134
指定····························35
自動運転·······················75
自動車損害賠償責任保険··········75
私法····························3
死亡····························82
司法アクセス····················45
司法の独立······················16
事務管理·······················52
社会契約説······················59
社会契約論······················14
社会権··························21
自由····························23
自由主義·······················15
主権平等原則···················123
出生····························82
種類債権·······················53
準拠法························129
上位法優位の原則·················4
消極的損害······················72
使用者························108
使用者責任······················68
承諾····························58
商標権······················89, 134
商標法························134
情報法························135
証明責任の転換··················69
条約······················16, 120
条理····························6
所有権の絶対·····················3
所有と経営の分離················94
自力救済の禁止··············39, 51
侵害行政·······················26
審査請求·······················33
人身の自由······················20
信託····························15
人民の同権····················127

（せ）

制限行為能力者制度···············49
制限物権·······················50
制裁機能·······················71
政策形成訴訟····················75
正社員························113
生殖補助医療····················82
精神的自由······················19
生存権··························21
制定法··························6
正当事由·······················61
成文法··························6

事項索引　*143*

責任・・・・・・・・・・・・・・・・・・・・・・・・ 100
責任能力・・・・・・・・・・・・・・・・・・・・・ 73
セクシャル・マイノリティ・・・・・ 137
積極的損害・・・・・・・・・・・・・・・・・・ 72
絶対的不定期刑の禁止・・・・・・・・ 104
選挙権・・・・・・・・・・・・・・・・・・・・・・・・ 3
全国民の代表者・・・・・・・・・・・・・・ 15
選択債権・・・・・・・・・・・・・・・・・・・・・ 54
前法・・・・・・・・・・・・・・・・・・・・・・・・・・ 4
先例・・・・・・・・・・・・・・・・・・・・・・・・・・ 6

（そ）

相関関係説・・・・・・・・・・・・・・・・・・ 72
相互主義・・・・・・・・・・・・・・・・・・・・ 128
相続・・・・・・・・・・・・・・・・・・・・・・・・・ 85
相続分・・・・・・・・・・・・・・・・・・・・・・・ 84
相当因果関係説・・・・・・・・・・・・・・ 73
双務契約・・・・・・・・・・・・・・・・・・・・・ 62
組織規範・・・・・・・・・・・・・・・・・・・・・・ 5
措置・・・・・・・・・・・・・・・・・・・・・・・・・ 31
損害回復機能・・・・・・・・・・・・・・・・ 71
損害賠償の予定・・・・・・・・・・・・・・ 70
損害賠償命令・・・・・・・・・・・・・・・・ 43
損失補償制度・・・・・・・・・・・・・・・・ 34
尊属・・・・・・・・・・・・・・・・・・・・・・・・・ 78

（た）

胎児・・・・・・・・・・・・・・・・・・・・・・・・・ 83
代執行・・・・・・・・・・・・・・・・・・・・・・・ 31
貸借対照表・・・・・・・・・・・・・・・・・・ 94
代襲相続・・・・・・・・・・・・・・・・・・・・・ 84
代表取締役・・・・・・・・・・・・・・・・・・ 95
諾成契約・・・・・・・・・・・・・・・・・・・・・ 63
民による行政・・・・・・・・・・・・・・・・ 35
単独行為・・・・・・・・・・・・・・・・・・・・・ 64
担保物権・・・・・・・・・・・・・・・・・・・・・ 50

（ち）

知的財産権・・・・・・・・・・・・・・・・・・ 88
知的財産法・・・・・・・・・・・・・・・・・・ 133
嫡出子・・・・・・・・・・・・・・・・・・・・・・・ 81
注意義務・・・・・・・・・・・・・・・・・・・・・ 72
抽象的違憲審査制・・・・・・・・・・・・ 18
懲罰的損害賠償・・・・・・・・・・・・・・ 71
著作権・・・・・・・・・・・・・・・・・・・・・・ 134
著作権法・・・・・・・・・・・・・・・ 88, 134
直系・・・・・・・・・・・・・・・・・・・・・・・・・ 78

（つ）

通達・・・・・・・・・・・・・・・・・・・・・・・・・ 29

（て）

手続法・・・・・・・・・・・・・・・・・・・・・・・・ 4
典型契約・・・・・・・・・・・・・・・・・・・・・ 61

（と）

動産・・・・・・・・・・・・・・・・・・・・・・・・・ 50
統治行為論・・・・・・・・・・・・・・・・・・ 17
道徳・・・・・・・・・・・・・・・・・・・・・・・・・・ 2
独占禁止法・・・・・・・・・・・・・・・・・・ 91
特定物債権・・・・・・・・・・・・・・・・・・ 53
特別的予防刑論・・・・・・・・・・・・・ 102
特別法・・・・・・・・・・・・・・・・・・・・・・・・ 4
特別法優先の原則・・・・・・・・・・・・・ 4
特別養子縁組・・・・・・・・・・・・・・・・ 81
都市計画・・・・・・・・・・・・・・・・・・・・・ 30
土地所有権・・・・・・・・・・・・・・・・・・・ 8
特許権・・・・・・・・・・・・・・・・・・・ 89, 134
特許法・・・・・・・・・・・・・・・・・・・・・・ 134
取消訴訟中心主義・・・・・・・・・・・・ 34
取締役・・・・・・・・・・・・・・・・・・・・・・・ 94

（な）

内閣・・・・・・・・・・・・・・・・・・・・・・・・・ 17
内閣総理大臣・・・・・・・・・・・・・・・・ 15
内心の自由・・・・・・・・・・・・・・・・・・ 19
内定・・・・・・・・・・・・・・・・・・・・・・・・ 114

（に）

認知症患者・・・・・・・・・・・・・・・・・・ 74

（の）

脳死・・・・・・・・・・・・・・・・・・・・・・・・・ 83

（は）

陪審制度・・・・・・・・・・・・・・・・・・・・・ 44
白紙委任・・・・・・・・・・・・・・・・・・・・・ 29
派遣社員・・・・・・・・・・・・・・・・・・・・ 113
犯罪・・・・・・・・・・・・・・・・・・・・・・・・・ 99
犯罪被害者参加制度・・・・・・・・・・ 43
パンの学問・・・・・・・・・・・・・・・・・・ 10
判例法・・・・・・・・・・・・・・・・・・・・・・・・ 6

（ひ）

東日本大震災・・・・・・・・・・・・・・・・ 76
被疑者・・・・・・・・・・・・・・・・・・・・・・・ 21
被告人・・・・・・・・・・・・・・・・・・・・・・・ 21
卑属・・・・・・・・・・・・・・・・・・・・・・・・・ 78
非嫡出子・・・・・・・・・・・・・・・・ 81, 137
ビットコイン・・・・・・・・・・・・・・・・ 55
非典型契約・・・・・・・・・・・・・・・・・・ 61
評決・・・・・・・・・・・・・・・・・・・・・・・・・ 45
表現の自由・・・・・・・・・・・・・・・・・・ 19
平等原則・・・・・・・・・・・・・・・・・・・・・ 31

（ふ）

夫婦同氏・・・・・・・・・・・・・・・・・・・・・ 80
夫婦別産制・・・・・・・・・・・・・・・・・・ 80
夫婦別姓・・・・・・・・・・・・・・・・・・・・ 138

不信任決議·····················17
付随的違憲審査制···············18
不正競争防止法···············91
普通養子縁組·················81
物権·······················49
物権的請求権·················51
不動産·····················49
不当利得···················53
不特定物債権·················53
部分社会の法理···············17
不文法·····················6
不法行為···········53, 69, 71
扶養·······················83
プライバシー··············135
プライバシー権···········18, 23
フランス革命··············3, 59
不利益処分·················32
武力不行使原則········120, 125
紛争の平和的解決義務·······125

（へ）

弁護士··················44, 46
弁護士強制主義···············46
片務契約···················62

（ほ）

法益··················100, 101
法解釈·····················7
法規範··················4, 8
法規命令···················28
傍系·······················78
封建社会···················8
報償責任···················69
法人格否認の法理···········96
法曹·······················10
法定相続···················84
法的三段論法·················7
法テラス···················45
法律·······················16
法律効果···················8
法律婚主義··············79, 81
法律による行政の原理·········26
法律の法規創造力···········26
法律の優位·················26
法律の留保·················26
保険制度···················75

（み）

みなす·····················83
身分制·····················3
民事裁判···················41
民主主義···················15

（む）

無過失責任主義···············68
無償契約···················62
無名契約···················62

（め）

明確性の原則··············103
名誉毀損···················20

（も）

申込み·····················58
目的刑論··················102
目的効果基準···············19

（ゆ）

遺言·······················84
遺言自由の原則···············85
有償契約···················62
有名契約···················62

（よ）

用益物権···················50
養子縁組···················81
養子制度···················81
要物契約···················63
予算·······················16

（り）

リーガルエイド···············45
離婚·······················80
利息債権···················53
立憲主義···················14
領域主権··················124
領土·······················14
領土保全原則··············124
緑地保全契約···············65
リンカーン·················15
隣人訴訟···················41

（る）

類推解釈の禁止··············104

（ろ）

労働基本権·················22
労働者····················108

（わ）

ワークルール··············108
忘れられる権利·············136

（欧文）

ADR······················39
ILO（国際労働機関）··········110
LGBT·····················137

編著者紹介

奥田進一（おくだ　しんいち）　　拓殖大学政経学部教授
　　Chapter 1，Chapter 6，Chapter 13
高橋雅人（たかはし　まさと）　　九州大学大学院法学研究院准教授
　　Chapter 2，Chapter 3，付録
長　友昭（ちょう　ともあき）　　拓殖大学政経学部教授
　　Chapter 8，Chapter 11
長島光一（ながしま　こういち）　帝京大学法学部准教授
　　Chapter 4，Chapter 7

執筆者紹介

露木美幸（つゆき　みゆき）　　帝京大学法学部教授
　　Chapter 9
久米一世（くめ　ひでよ）　　中部大学経営情報学部准教授
　　Chapter 5
船橋亜希子（ふなばし　あきこ）　創価大学法学部専任講師
　　Chapter 10
土屋志穂（つちや　しほ）　　拓殖大学政経学部准教授
　　Chapter 12

法学入門　　　　　　　　　　　　定価（1500円＋税）

2018年 3 月20日　初版第 1 刷発行
2025年 4 月20日　初版第 4 刷発行

編著者　　　奥　田　進　一　昭
　　　　　　高　橋　雅　人　昭
　　　　　　長　　　友　　　昭
　　　　　　長　島　光　　　一

発行者　　　阿　部　成　　　一

〒169-0051　東京都新宿区西早稲田1-9-38
発行所　　株式会社　成　文　堂
電話03（3203）9201（代）　FAX03（3203）9206
https://www.seibundoh.co.jp

製版・印刷・製本　藤原印刷
©2018　奥田・高橋・長・長島　　Printed in Japan
☆乱丁・落丁本はおとりかえいたします☆

ISBN978-4-7923-0625-0　　C3032